トッド 自身を語る

エマニュエル・トッド

石崎晴己編訳

藤原書店

〈日本の読者へ〉

私を形成したもの――フランス、英米圏、そして日本

石崎晴己氏は、これまでに私の最も重要な著作を何編も和訳され、私のことを最もよくご存知の人たちのお一人であることは、確実であるが、今回、その氏が訳されたこれらのテクストが一堂に会するのは、私としてもまことに嬉しい。実を言えば、氏は私の著作、私の書いたパラグラフや文章の一つ一つの解読に、たいへん苦労されて来たのであるから、私の知性の動き方のいくつかの様相については、もしかしたら私自身より的確に理解されているかもしれない。ここに集められたテクストには、歴史についての省察と私の生涯の個人的次元とが混在しており、全体として、私の歴史観と私個人がたどった知的軌道との関連をいささか浮き彫りにしているのである。最も一般的な歴史についての私の見方には、二つの側面が組み合わさっている。

まず第一の次元は、「進歩」という普遍的な次元である。それは、教育の漸進と人口動態の移行・転換という変数によって顕示される。この次元においては、人間の社会は、ロシアであれ、アラブ圏であれ、フランス、アメリカ合衆国、日本、中国であれ、どれも同じ、識字化を通しての進歩の軌道の上にある。この進歩は、アメリカ合衆国と西ヨーロッパの場合には、きわめて高い教育水準に達したため、むしろ停滞の方へと向かいつつあるのではあるが。人類史の枢軸の一つにほかならないこの進歩の次元においては、私はどちらかと言えば、依然として楽観的であり続けていると、告白しなければならない。なぜなら、人類はまもなく完全に識字化されるはずで、私はつねにその流れに棹さしているからであり、さらに、テレビでは戦争や紛争の場面が映し出されるが、そのように見た目には、世界は、戦争や紛争ばかりと見えるけれども、アメリカ合衆国とロシアの衝突の根強い存続、イラクとシリアの解体と、イスラム国の出現という恐怖にもかかわらず、私は未来に対する根本的な楽観の姿勢を保持せずにはいられないからでもある。いずれにせよ人類史は、これまでつねに混沌状態にあったのであり、人口学者として死者の数を数えてみるなら、現在は人類史の中でとりたてて暴力的な局面にあるわけではないということが分かるのである。ヨーロッパや中国の全体主義の時代になされたことを尺度にとるなら、現在の全世界の暴力の水準は、いささか口にするのが憚られるが、どちらかと言えば低い。以上が第一の次元である。

第二の次元は、地球上のあらゆる人間集団が果てしない地平へと向かってたどり続ける近代化の軌道というこの人類の普遍と並んで、私は専門家としての人類学的・地理学的な見方に深く根ざしており、この世界には異なるさまざまな文化が、異なるさまざまな風俗慣習システムがあり、それが伝統的な農民文化の消滅に抗して生き残っている、と考えているということである。これらの文化の根底は、家族構造の中にあると、当初私は考えたが、今日では、伝統的宗教も、家族構造とほとんど同等の重要性レベルにあると付言したいところであって、家族と宗教は相互作用関係にあり、単一の複合変数をなすものだと考えている。といっても、私が家族は不動のものだと考えている、ということではない。まもなく、やはり石崎氏によって訳される『家族システムの起源』が出版されるが、この本は、家族システムの多様性の起源を論ずるものである。

しかしこうした家族という人類学的原型は、現在においても、消え去ることなく存在している。その効果が消え去りはしないことを、私はこの目で確かめた。さまざまに異なる家族システムを擁しているフランスの諸地域は、さまざまに異なり続けている。ヨーロッパ諸国民は、さまざまに異なり続けている。ロシアは、特異であり続けている。日本人が日本人であり続けるということは、私から日本人に教えるには及ばない。

ちなみに、私が日本とウマが合う〔同位相にある〕理由の一つは、人間の諸社会のこうした消滅しがたい多様性について、私と日本人は意見が一致しているということである。もしかしたらそれこそ、私が日本で理解されている、と私には思える理由の一つなのだ。私をやや悲観的にさせるのは、私と日本人が理解していることを、世界の諸国民の大部分は理解しない、ということなのである。つまり人々は、差異を考慮に入れることを肯んじない、普遍的・一般的な抽象的な見方をもって、行動している。そしてグローバリゼーションの世界の中で、経済や現代的通信手段のせいで、世界の諸国民が互いに近付きつつある世界の中で、われわれが対立し、衝突するのは確実なのだ。なぜなら、アメリカ人とロシア人は互いに異なる感じ方を持ち続け、フランス人とドイツ人は互いに異なる感じ方を、日本人と中国人は互いに異なる感じ方を持ち続けるのであるから。だからこの面では私は、おそらく諸社会は結局のところ、己自身について真実を知ろうと欲しておらず、それぞれの社会が、われこそは唯一の真実を握る者なりと、あくまでも考え続けていることを確認して、いささか悲しくなる。これが第二の次元である。

私としては、国連にこのことを考慮してもらいたいものだと思うのだが！　西洋的価値観が、ますますわれこそは普遍的価値観なりと称して、その普遍的価値観なるものを即時的に尊重せよと要求する、これがあらゆる対立・衝突を、激化させるのだと考えている。それが西側とロシアの対立・衝突を激化させ、中東等々を引き裂いている対立・衝突を、経験主義的に受け止め判断することを不可能にしているのである。人類学的カテゴリーに踏み込むなら、シリアのうちアサドを支持している地帯には、それなりの人類学的特徴があり、イスラム国を支持するスンニ派地帯にも、それなりの人類学的特徴があることが分かるだろう。そして、これらの根底的差異が現に存在するという事実を理解すれば、平和への解決策を見出すこともより容易になるはずなのである。

石崎氏のインタビューに答えた際は、氏の私に対する関心、またそれだけでなく、パリでの生活、パリでの家系に対する関心のゆえに、私は私自身のこと、私の出自、私の家族のことを語ったのだが、いまこれらのテクストを見直してみると、なぜ私はこのように考えるのか、といまさらながら自らに問い掛けがちになる。なぜ私は、この二つの変数を念頭に抱いているのか。普遍的枢軸の次元と、それとは慣性効果によって依然として切り離されているといえる文化の次元、つまりさまざまに異なる風俗慣習の次元という、この二つの次元を、なぜ私は抱えているのか。

いまや私は謙虚の年(定年の一年前)に達し、自分の受けた教育に何を負っているかをますます自覚するようになっている。私がソ連システムの崩壊を予見すること、アラブ圏の革命を予見することを可能にしてくれたもの、それは私がアナール派の歴史学徒として受けた教育、エマニュエル・ル＝ロワ＝ラデュリやピエール・ショーニュのような人々、偉大なフランスの心性史研究者たちである。そして、ある国での乳児死亡率は、全般的な心性の変遷を参照しなければ理解できず、それは革命現象や体制の崩壊と相関しうるものであるという考えは、私の学生時代の勉学の中から見つけ出したものである。しかしどんな勉強をしたということ以上に、普遍的歴史という観念、地上のすべての諸国民がたどる軌道という観念でものを考えるということそれ自体が、ひじょうにフランス的なのである。だからこの第一の次元、第一の変数においては、私はフランスでの教育で作り出された人間であるということになる。

それに対して、第二の次元、文化の分析、文化の抵抗力の分析というものは、私が英米《アングロ・アメリカン》圏で学んだものである。博士論文を書いた時、私はケンブリッジで人類学の教育を受けた。そしてイギリスの社会的人類学ののちに、私はアメリカの文化人類学を発見した。私の中には、世界の知覚という英米《アングロ・アメリカン》的思考をする部分がそっくりそのまま存在するのは明らかである。しかしこの場合も、私は教育によって作られた人間であり、それ以外の何ものでもない。私の考え方の中にある特殊なものは、いささかも特殊ではない、と言うこともできよう。それは単に、フランス普遍主義と英米《アングロ・アメリカン》的文化相対主義の凝集にすぎないのである。だから私は謙虚でしかありえない。そして私の家族の中にある二つの文化によって決定された良き学生としてしか、ますます自分を見られなくなっている。ある意味では、私は忠実な継承者にすぎないのである。

しかし、私の生活の中には、一つ例外があり、実はそれがますます重要に思えて来ている。私の家族の歴史の中にプログラム化されていなかったもの、それは日本との関係にほかならない。日本との独特の関係、これは私だけのものと思える。本書の中に、友人の三神万里子氏と藤原書店で行なった対談が収録されているのが、ことさら嬉しいのは、まさにそのためなのである。この対談は、〈東北〉の被災地域を二人で訪ねた研究旅行のあとに行なわれたものである。実はこの旅行は、重要な知的帰結を私にもたらした。というのも、農民、床屋、地方公務員といった日本の庶民とほんとうに接触したのは、生涯で初めてのことだったからである。彼らは私の目の前で、三神氏という精緻で感性豊かなジャーナリストの日本語のインタビューを受け、彼女は彼らの返答を私に訳してくれた。そしてこの旅行の結果、私はまるで不意打ちのように一つの仮説を打ち出すに至ったのである。諸国民の間の差異は、民衆の下層に行けば行くほど大きくなるが、エリート層は互いに似通っている、というのが、グローバリゼーションについて世に行われている紋切り型《ステロタイプ》であるが、それとは逆に、日本の庶民は、日本のエリートたちがフランスのエリートたちに似ているよりもはるかに、フランスの庶民に似ていると、そのとき私は感じたのであった。

それは重要なことであるが、私が〈東北〉に行ったのは、そのためではなかった。私が初めて日本に来たのは、国際交流基金の招待によるものだが、そのとき私は広島で瞑想することを強く希望したものだった。その時と同様に、今回、私が〈東北〉に赴いたのは、根本的に私が〈東北〉の災害に傷つき、悲しかったからである。それは連帯の情に駆られた行為だった。

　しかし私がますます熟考を促されるものの一つは、私の日本との関係なのである。私は日本語を話さないから、それは逆説的な関係である。私は日本の家族構造の歴史や、いくつかの専門的なことは熟知しているにしても、日本のことをあまり知らない。しかし日本は、私の生活の中で、これまで予想もされなかった位置を占めるようになったのである。どのような位置か、いずれ理解する必要があるだろう。日本は、私にとって一つの思考の極、私の知的拠点の一つになった。日本の「歴史人口学の父」である速水融教授から支援をいただいている私は、このような言い方をすることが許されると思う。

　研究者としての私の中には、明らかにフランス文化があり、もちろん英米《アングロ・アメリカン》文化がある（私が読んだ本の九五％は英語だ）。しかし日本への参照というものが、一種回転軸のようなものとして存在するのだ。もしかしたら、「人はみんなおんなじだ」という文句を羊のようにメーメーと唱えるだけの普遍主義に、私が決して陥ることがないのは、この日本とのつながりのせいなのである。フランス的なもの、これは私にとって過去に由来するもので、私のせいではなく、私はそれに決定されている。英米《アングロ・アメリカン》世界も同様で、私のせいではなく、私の両親は英仏二カ国語話者だ。しかし日本は、あとから私の生活の中に入って来たのであり、家族から来たものではない。日本は、私が自分で自由に選び取ったものなのである。

二〇一五年十月十三日

自宅にて

エマニュエル・トッド

トッド　自身を語る　目次

4　ユーロ危機と「アラブの春」の行方……『アラブ革命はなぜ起きたか』93

5　人口動態から見るイスラム諸国の民主化……『文明の接近』117

トッド　自身を語る

1

エマニュエル・トッドとは何者か

——学問的来歴と世界の見方——

『家族システムの起源』

アナール派とケンブリッジ歴史学の影響

――あなたはケンブリッジ大学で学んだのですね。

まずソルボンヌで歴史を学び、それからケンブリッジで学びました。

――『家族システムの起源』*の「序説」によると、家族構造を心性に結び付けようとするのは、マクファーレンの着想でした。すると、あなたが『第三惑星』(『世界の多様性』に収録)を書いたのは、彼の仮説を補足するためだということになりますね。

ある意味ではそう言えます。実のところ、当時の私の体験としては、そういう具合ではなかったけれど、しかしやはりそういうことになりますね。

* *L'Origine des systèmes familiaux*. Gallimard, Editions du Seuil. 2011.(藤原書店より近刊予定)は、人類学者としてのトッドのまさにライフ・ワークであるが、その序説は、ピーター・ラスレットとアラン・マクファーレンというケンブリッジ学派の両巨頭による、近代以前からの核家族の存在の発見から説き起こして、核家族という問題系の基本的概要を提示している。そこで、古来より存在するこの核家族がイングランドの社会的個人主義の起源であるとするマクファーレンの主張を紹介した件に付した註の中で、トッドは「私の著作『第三惑星』は、マクファーレンの仮説を全

世界に一般化するものと読むこともできた」(一八頁)と述べている。すなわち、家族構造を心性の説明要因とする着想は、マクファーレンから出発する、ただし、彼のレベルでは、与件をなしていたのはイングランド核家族だけであった、ということになろうか。

——あなたの学者としての自己形成に、ケンブリッジの歴史学者たちが何をもたらしたかは、知られています。

それは実に単純で、ラスレット[*1]、マクファーレン[*2]、トッドという流れです。

＊1　Peter Laslette 1915-2001. イギリスにおける歴史人口学の先駆者。トニー・リグリーとともに一九六四年に〈ケンブリッジ人口社会構造史グループ〉Cambridge Group for the History of Population and Social Structure を創設。トッドの博士論文指導教授。

＊2　Alan Macfarlane. 一九四一年生まれ。ケンブリッジ大学のフェロー、一九九一年には人類学教授に就任する。代表作は『イギリスの個人主義の起源』(1978)。日本についての著作もある(『平和の残酷な戦争』(1997)〔和訳は『イギリスと日本——マルサスの罠から近代への跳躍』新曜社〕)。ラスレットともに、トッドの博士論文審査委員。

——しかしケンブリッジの前に、あなたはル＝ロワ＝ラデュリ[*1]の教え子でした。だからアナール派に属していたわけです。そうした影響について、話してもらえますか。

私の研究、私の生涯は、まさに、学生時代にぶち当たった問題によって始動した一つのシークエンスだった、と本当に思います。私はどことも知れぬところからいきなり現われた宇宙人とは正反対で、私の研究業績は、大きな連続性の一環をなしています。それはまさに一つの時代でした。私が高等教育を受けたのは、一九六八年から一九七五年までの間ですが、その時期には、アナール派の最終局面とケンブリッジのイギリス学派の間の区別が、全くはっきりしていなかったのです。ただ一つの、単一の世界だったのです。私は、父の友人でもあるル＝ロワ＝ラデュリ[*2]の授業に出ていましたが、ジャック・デュパキエ[*3]のような他のフランス人の下で歴史人口学を学びました。彼は、ＩＮＥＤ〔国立人口統計学研究所〕のルイ・アンリ[*4]が定義した概念を取り入れて、研究を進めていました。私がル＝ロワ＝ラデュリに、イギリスに行きたいと言うと、彼は友人であるピーター・ラスレットに手紙を書いてくれました。当時、ピーター・ラスレットやトニー・リグリー[*5]といったケンブリッジ・グループのイギリスの歴史学者たちは、フランス学派の影響を受けた者として自認していましたが、ケンブリッジでは彼らはまた、世界最強のイギリス人類学と相互の影響関係にありました。同じ頃、日本の歴史人口学の父である、偉大な学者速水融教授[*6]は、このような思想の回路の中に棹さしており、ルイ・アンリのフランス派歴史人口学ともピーター・ラスレットのイギリス派家族構造分析とも接触がありました。私自身も、速水教授とはお会いして面識もありますし、教授のお仕事はよく承知しており、教授も私の仕事を大変よくご存知です。ですから、家族に関する、心性に関する人口統計学的研究が、複数の国の相互行動の総体の中で紛れもないテイクオフをした、そういう時代《モメント》があったのです。ドイツ人は別でしたけれど。

＊1　Emmanuel Le Roy Ladurie. 一九二九年生まれ。モンペリエ大学を経て、コレージュ・ド・フランス教授。

＊2　トッドの父、オリヴィエ・トッド Olivier Todd は、一九二九年生まれ。作家、批評家、ジャーナリスト。サルトルの『レ・タン・モデルヌ』に協力しつつ、週刊誌『ヌーヴェル・オプセルヴァトゥール』の創刊に参画。アンドレ・マルローやカミュの浩瀚な伝記などを上梓。後者は、毎日新聞社から『アルベール・カミュ〈ある一生〉』として和訳が刊行されている。なお、妻は、ポール・ニザンの娘、アンヌ＝マリィ。したがってエマニュエル・トッドは、女系でのポール・ニザンの孫に当たる。

＊3　Jacques Dupâquier 1922-2010. 一九六二年にＣＮＲＳ（国立科学研究センター）に入り、次いで社会科学高等研究院（ＥＨＥＳＳ）の前身たる高等研究実践学院ＥＰＨＥ第六セクション〔二七頁の註を参照〕の研究主任となる。

＊4　Louis Henry 1911-1991. 歴史人口学の創設者。一九四六年にＩＮＥＤに入る。パリ大学人口統計学院（ＩＤＵＰ）とＥＨＥＳＳで教える。小教区の住民登録簿（教区簿冊）から、過去の人口動態を再現する手法を開発。トッドの学問的出発点も、この手法に負っている。
＊5　Edward Anthony Wrigley, 通称 Tony Wrigley。一九三一年生まれ。歴史人口統計学者で、ラスレットとともに、一九六四年に〈ケンブリッジ人口社会構造史グループ〉を創設。
＊6　速水融（はやみ・あきら）　一九二九年生まれ。慶応大学名誉教授。フランスの小教区の住民登録簿（教区簿冊）の分析により人口動態を把握する手法に倣って、「宗門改帳」の分析により、人口動態を把握する手法を開発。また、産業革命に先立つものとしての「勤勉革命」indusrious revolution の概念を提起した。トッドは、二〇〇〇年六月の二度目の来日の際、十六日午後に、速水氏と対談を行った。この対談は、『環』四号（二〇〇一年冬）に掲載されている。

ですから私にとっては、複数の世界があるわけではありません。例えば、私にとってひじょうに重要な変数である識字率を採り上げてみましょう。これは、ものごとの恒常性ではなく、動きを説明するものです。私は大いに、ローレンス・ストーン[＊1]の仮説を用います。彼はイギリスの歴史学者で、のちにアメリカ合衆国に行きましたが、全く天才的な素晴らしい人です。私は彼の論文の中で、十七世紀のイギリス革命、十八世紀のフランス革命、二十世紀のロシア革命の前に、識字率のハードルが超えられるという、識字率と革命の連動の着想を読みました。しかし、その後、私にとって専門的には、識字化の動きを分析する名著というのは、フランスの著作、すなわち、フランス人の識字化についてのフランソワ・フュレ[*2]とジャック・オズーフ[*3]の著作[*4]でした。ですから、つねにフランスとイギリスの両方にまたがっているわけです。もしかすると、最終的にはアナール派は、フランスだけでなく、イギリスにおいても本当に勝利したのだ、心性に対するその関心、民衆階層の心性に対する関心によって勝利したのだ、と言えるかも知れません。ただ、イギリスでは、歴史研究は人類学と出会ったのです。

＊1　Lawrence Stone 1919-1999. オクスフォード大学ウォーダム・カレッジのフェローなどを経て、一九六三年よりプリンストン大学教授。十六世紀以降のイギリスの貴族諸階層、イギリス革命などの研究で知られる。

＊2　François Furet 1927-1997. 社会科学高等研究院教授。共産党系が支配していたソルボンヌのフランス革命史講座を徹底的に批判して、フランス革命研究に大転換をもたらした。二十世紀の共産主義運動の批判的歴史『幻想の過去』(和訳はバジリコより出版) も知られる。

＊3　Jacques Ozouf 1928-2006. 十九、二十世紀フランス史の専門家。社会科学高等研究院研究主任。なお、彼の妻 Mona（一九三一年生まれ）は、フュレの大著『フランス革命事典』の共著者。

＊4　(原註) François Furet, Jacques Ozouf, *Lire et écrire. L'alphabétisation des Français de Calvin à Jules Ferry* (1977).

――ストーンは多少なりともアナール派でしたか。アナール派の影響を受けたのでしょうか。

私から見れば、その通りです。私は彼にお会いしたことはありません。彼の仕事を利用しただけです。しかし二つのことが、念頭に浮かびます。私は、あとになってから、彼と知り合いにならなかったことを残念に思いました。この人は、重要な主題を感じ取るセンスのある人だと、つくづく思うからです。識字化への着目は、まさに図星というべきものでしたし、貴族階級の危機についても研究しました。しかし例えば、イングランド北部の複数の教区における犯罪行為を扱ったマクファーレンの本を実に厳しく批判しました。彼もイングランドにおける犯罪行為の統計的研究に手をつけていたのです。要するに、これらすべてが一つの世界だったのです。当時、歴史学の中で問われていたのは、民衆諸階層の心性の歴史ということだったのです。フランスとイギリスは、当時、最も重要な二国でしたし、いまでもそうです。ドイツは非常に遅れていました。最近、ドイツで出た識字化についての本を一冊買いましたが、容易に理解することができます。私はドイツ語ができませんが、統計表を解読することができるのです。この本が用いている方法は、三〇年前にフランスでフュレが行なった研究から派生しているのですから。

しかし逆にアナール派は、その後、危機に入りました。今ではひじょうに弱体化しています。私の二人の息子は歴史学者で、上の子、ダヴィッド*は、学業を終えて、イギリスで教壇に立っており、もう一人のニコラは、数学を勉強したあと、歴史の勉強を仕上げているところですが、彼らに言わせれば、私の歴史を考える考え方は、やや古代的《アルカイック》だということになります。歴史学の関心の中心は移り、より政治的、文化的もしくはイデオロギー的な考え方の方に戻ってしまい、住民集団の総体、民衆諸階層に対する統計的関心は、低くなっているからです。歴史学は、例えばエリートに対する関心の方へと戻ったのです。時代精神に応じて、そうなっているわけです。私にとって場所よりもはるかに「時代《モメント》」が目につくのは、そのためです。私がル＝ロワ＝ラデュリやラスレットや速水のことを考えるのは、それが一つの「時代《モメント》」だからです。この人たちと、私は自己形成〔受けた教育〕の点で近いのです。実際、「時代《モメント》」の方が、国よりも重要です。

人類学としては、私ははるかにイギリス人類学を用いています。

＊ David Todd 一九七八年生まれ。二〇一〇年より、ロンドンのキングズ・カレッジの世界史講師、パリ第一大学で歴史学を学び、パリ政治学院の修了証取得。二〇〇五年にケンブリッジ大学より

博士号。

フランス歴史学派隆盛の時代

——ウォーラーステインとの関係を知りたいのですが。彼はブローデルの弟子ですから、アナール派の運動に加わっているわけですね。

それについては、フェルナン・ブローデルから始める必要がありますね。私はブローデルと知り合いになりました。『ル・モンド』の記者として働いていた時、ブローデルのインタビューをしたことさえあります〔博士論文を書いてから、INEDに入るまでの間、私は文化関係のジャーナリズム活動をし、歴史関係の本の批評やインタビューをしました〕。私がマリーとニコラの母になる女性〔二度目の妻クリスチーヌ〕と出会ったのは、ブローデルのシンポジウム〔二八頁の註を参照〕の会場でした。彼は『フランスの創出』〔ル・ブラーズとの共著、一九八一年、アシェット社〕がたいへん気に入ったので、ル・ブラーズ*と私をそれに招待してくれたのです。

＊ Hervé Le Bras, 一九四三年生まれ。人口統計学者、歴史学者、INED研究主任。トッドととも

に『不均衡という病』の共著者。

私に言わせれば、ブローデルは二人います。戦後の一時期、行政手腕を揮った経営者としてのブローデル、あちこちに眠る才能の持ち主を発掘し、高等研究実践学院*に採用し、彼らを励まし、かなり幅広い関心を抱いていた人物、それこそまさに、「アナール派」のブローデルというもので、その彼がル゠ロワ゠ラデュリを始めとする、あれらの人々すべてを発掘したわけです。しかし、本の著者としてのブローデルは、それほど私の歴史学の核心部にありません。彼の資本主義の地理的・経済的モデルなどについての本は、正直に言う方を私は好みますが、読んだことがありません。『地中海』は、巨大な総論です。私が興味を持つのは、モノグラフで、通常の人間の、民衆諸階層の研究なのです。

* Ecole Pratique des Hautes Etudes. 一八六八年、第二帝政下で設立。当初四セクションを擁し、間もなく一セクションを加えたが、一九四七年に第六セクション（経済、社会科学）を加えた。このEPHE第六セクションこそ、アナール派の拠点となる。リュシアン・フェーヴルが部長に迎えられ、フェルナン・ブローデルが、その秘書として採用され、やがてフェーヴル没後、部長に就任する。彼は、アナール派の歴史研究者を始め、社会科学の大家たちを招聘した。アナール派の機関誌として、戦後に『アナールESC（経済、社会、文明）』と

改名した『アナール』(1946-1993) も、この第六セクションが発行主体となり、まさにアナール派は、第六セクションにおいて制度化することになった。例えば、ピエール・ブルデューが、一九六七年のパリの学者からなる界《シャン》を分析した『ホモ・アカデミクス』(1984) で、研究対象として設定した文学・人文科学系の主要高等教育機関は、コレージュ・ド・フランス、ソルボンヌ、高等研究実践学院の第六セクションならびに第四・第五セクションの教授たちであった。この第六セクションは、一九七五年に独立し、社会科学高等研究院 École des Hautes Études en Science Sociales となる。なお、この機関の訳語については、これまで「高等研究院」として来たが、「高等研究実習院」もあるようである。今回は、pratique を生かして、標記のようにした。

そしてウォーラーステインのブローデルとは、私の知らないブローデルなのです。それは私からすれば、別の世界です。これは批判ではありません。全く違います。私はブローデルについてもウォーラーステインについても、不愉快なことを書いたことはないと思います。

ウォーラーステインもフェルナン・ブローデル・シンポジウムにいました。当時の私の義母が彼をよく知っていました。こうしたことすべては、シャトーヴァロン*と呼ばれる、トゥーロンの近くの文化的由緒のある場所で起こったことです。この施設は、義母の兄、つまりクリスチーヌの伯父によって創設されたものですが。

* Châteauvallon. シャトーヴァロン国立文化創造普及センターCNCDC。トゥーロン郊外に建設

された文化施設で、屋外劇場、屋内劇場、スタジオ、宿泊施設などを備え、フリー・ジャズのライヴやモーリス・ベジャールによるスペクタクル、また一流の学者を招いてのシンポジウム（エドガル・モランなど）も行なわれる。創設者は、ジェラール・パケ夫妻、アンリ・コマティス夫妻とされているが、そのどちらがトッドの前妻クリスチーヌの縁者なのかは、不詳。なお、一九八五年十月十八、十九、二十日に、ブローデルへの表敬シンポジウムがここで行なわれており、トッドが語るのはそれであると思われるが、実はブローデルは、その一カ月後の十一月二十七日に死去している。何やら奇妙な巡り合わせではないか。

――私がウォーラーステインについてお尋ねしたのは、『最後の転落』は、二十五歳の若者であったあなたによって、家族システムの体系構築以前に書かれた本ですが、この中に、ウォーラーステインと同じ態度、同じ考え方が見出せると思ったからです。特に「ソ連邦は第三世界の一部をなしている」と言う辺り、あるいは、西洋諸国に対するソ連のコンプレックスを論じた辺りですが。

それは全くの偶然でしょう。しかし別の角度から見ると、私の自己形成の暗黙の一要素が絡んで来るようにも見えます。これまで話さなかったけれど、当時、同じようにひじょうに重要であったもの、つまりマルクス主義です。私はマルクス経済学に興味を持ったことは一度もありません。『資本論』を読もうとしましたが、できませんでした。私に言わせれば、それは形而上学でした。それに対して、階級闘争という観点でのマルクスの歴史の記述は、私の枕頭の書の一つです。『デモクラシー以後』を書く前に、私は『フランスの階級闘争』を読み直しました。『デモクラシー以後』には、いささかこの本の模作《パスティシュ》のような個所があります。マルクス主義はきわめて重要で、実のところブローデルにとっても、ウォーラーステインにとっても重要でした。ラングドックの農民を扱ったル＝ロワ＝ラデュリの博士論文は、始めの方に地代の問題が出て来ます。これは、マルクス主義と関連する事柄です。私が学生の頃、存在していたのはアナール派ですが、アナール派は、マルクス主義がまだひじょうに重要であった時期に、心性の研究で成熟に達していました。ですから、経済的変数がとても重要だったのです。しかし、アナール派だ、マルクス主義だと、はっきり区別されるようなものではありませんでした。例えば、ヴォヴェル[*1]のような歴史学者を例に挙げるなら、彼はプロヴァンスにおける脱キリスト教化について研究し、博士論文では、全く感嘆に値する心性の歴史の研究を行い、遺言で宗教的寄進を行なう人の比率を測定したりしましたが、このヴォヴェルも、やはり共産党系の歴史学者です。また、ピエール・ショーニュ[*2]のような、ひじょうに重要な人を例にとるなら、彼はイデオロギー的には熱烈なキリスト教徒で、プロテスタントで、説教家でしたが、連続的〔時系列的〕歴史の理論家、心性研究の理論家でした。ですから、本当に一つの時代《モメント》だったのです。私が勉強をしたのは、歴史の学派がきわめて活力と想像力に溢れていた独特の時代だったのです。フランスは、本当に地震の発生地点でした。思い出しますが、私がケンブリッジに行ったとき、私の面倒をよく見てくれたある人に「あなたは歴史をやるのでしょう。イギリスに行って、何になるのですか」と言われました。今では全く事情が違います。フランスの歴史学派は、あの頃のような優越した立場にはありません。

＊1　Michel Vovelle, 一九三三年生まれ。フランス革命史の専門家。パリ第一大学のフランス革命史講座を担当、アルベール・ソブールの後任として、フランス革命史研究所の所長。社会史を補うものとして、心性史の成果を取り込んだ文化史を体現する人物。一九八九年のフランス革命二百年記念祭のための科学研究委員会の委員長。

＊2　Pierre Chaunu 1923-2009. スペイン系アメリカ、フランス・アンシャン・レジームの社会・宗教史。パリ第四大学名誉教授。プロテスタント。定量的手法による時系列の歴史学を目指し、歴史人口学に接近、アナール派の一員となる。また、新聞『フィガロ』などで保守的論陣を張る。

――それでもあなたは、シュヴェヌマンの「現代共和国クラブ」のシンポジウム[*]でウォーラーステインに一度会ったことがあります。アメリカに関する論争が行なわれた時です。それは歴史学に関するものではなく、政治、イデオロギーに関するものです。

＊　ジャン＝ピエール・シュヴェヌマン（一九三九年生まれ）は、ジャコバン主義の流れを現代において代表する政治家で、ミッテラン大統領の下で、国民教育相、防衛相などを歴任、二〇〇二年の大統領選挙にも出馬した（一五一万票、五・三三％）が、現在は国民議会議員の地位を失っている。EUに対してフランスの国家主権の擁護を主張する主権主義の左派政党を称する〈共和国市民運動〉を率いる。「現代共和国クラブ」は、〈共和国市民運動〉傘下の思索クラブ。標記のシンポジウムは、イラク戦争開始直前の二〇〇三年三月一日に開催され、三つのうちの第一のシンポジウム「二十一世紀はアメリカの世紀となるか？」に、トッドとウォーラーステインが参加している。発言者は、司会のレジス・ドゥブレを含めて五名。二人はアメリカ合衆国の衰退を予想する「衰退論者」として発言。トッドの発言が量的にも最大であった。トッドの発言もさることながら、改めて驚くことは、三つのシンポジウム全体の開会宣言と、シュヴェヌマンによってなされた全体総括とが、『帝国以後』のテーマ系と分析の基調（アメリカは帝国を選ぶか、国民国家を選ぶか。ケインズ的最終調整者として、アメリカの消費者が己の資力を超えた消費を行なうのを支えるため、アメリカは世界から「貢納金」を徴収する。アメリカは自国への投資を確保するための力の誇示の必要から「戦争のための戦争」を行なう［演劇的小規模軍事行動主義］等々）そのままであるという点である。『帝国以後』の議論のアウトラインが、すでに刊行一年前に出来上がっており、ある種のグループに共有されていたことが、窺える。もしかしたら『帝国以後』は、トッドを中心としたプロジェクト・チームの共同作業の成果なのかもしれない。いずれにせよ、トッ

ドはこの場でウォーラーステインと同席し、大いに意気投合したと、以前語ったことがある。なお、この第一シンポジウムは、『環』一八号（二〇〇四年夏）に和訳が全文掲載されている。

家族構造から見えること

――話を替えましょう。エドワード・サイードは、『オリエンタリズム』の中で、アブデル＝マレク*を引用していますが、彼は、次のように言っています。すなわち、オリエンタリスト（オリエント学者）にとって、自分の研究対象は、それぞれ一つの本質を持つ、ホモ・アフリカヌス（アフリカ的人間）、ホモ・シニクス（シナ的人間）、ホモ・アラビクス（アラビア的人間）といったものであり、それに対置されるのが〈人間〉ですが、これは古典ギリシア以来の西洋人によって体現されている、というのです。

私はそうしたことは、まるで知りません。私は、諸文明について、完全にオリエンタリズム的・極東オリエンタリズム的伝統とは無縁のところで研究を始めました。世界すべての国について研究しましたので、それぞれの文明がどのようなものか、何らかの観念は抱いていますが、私のしていることは、特殊で専門的な変数によって、それらの文明を比較するということです。私が知っているのは、人類学を通して把握した、家族構造のみです。

発展については、出生率と識字率の指標があります。つまり、家族構造という分析の鍵は、現に存在している状況の多様性を示すでしょうし、識字化と出生率の変化は、人間の経験の普遍的な次元を測定することになります。例えば、友人のクルバージュとの共著である『文明の接近』は、アラブの家族構造が他とは異なる父系内婚制のものであると指摘しましたが、同時に、出生率は下がりましたが、それについて宗教の効果は見られないと述べていました。つねに変数から出発しているのです。

＊ Anouar Abdel-Malek 1924-2012. エジプトのコプト教徒出身の、マルクス主義社会学者。エジプトでの高等教育の後、パリ大学文学部で哲学博士号を取得。一九五九年より、パリに在住。エドワード・サイードの『オリエンタリズム』(1985) にはるかに先行する、オリエンタリズム批判の先駆者として知られる。この側面は、主著 *Dialectique sociale*, Editions du Seuil, 1972.（和訳は熊田亨訳『民族と革命』岩波書店、一九七七年）特にその第二章「危機の東洋学」（これ自体は « l'Orientalisme en crise », *Diogène* 44, 4e trimestre, 1963. の再録らしい）に窺える。この際、私が要約しようとした『オリエンタリズム』中のアブデル＝マレクの引用を、ここに引用しよう。

「（オリエンタリストが）研究対象であるオリエントのさまざまな国家・民族・人民に対して採用するのは、本質論的概念……である。……

伝統的なオリエンタリストによれば、一つの本質というものが必ず存在するはずである……。この本質は「歴史的」であると同時に本質的に非歴史的である。「歴史的」であるのは、その本質が歴史の黎明期にまで遡って存在するからであり、非歴史的であるのは、研究の「客体」である存在を、その存在のもつ、奪うこともできず、進化発展することもない特殊性の内側に釘付けにしてしまうからである。（…）

かくして我々は最後には類型学というものに行きつくことになる。……ホモ・シニクス〔中国的人間〕、ホモ・アラビクス〔アラブ的人間〕、ホモ・アフリカヌス〔アフリカ的人間〕といった類型をもつことになるわけであるが、これに対して人間――「正常な人間」と理解されるもの――とは、歴史時代つまり古代ギリシア以来のヨーロッパの人間のことなのである。」（『オリエンタリズム　上』平凡社ライブラリー、一二三〇―一二三一頁。『民族と革命』では三九―四〇頁）。

――あなたが『最後の転落』を書いたのは、ホモ・ソヴィエティクス〔ソヴィエト的人間〕という観念のまやかしに気付いたからでした。当時、ホモ・ソヴィエティクスという新しい人間、新しい人間としての本質という概念がありましたが、ここで見る通り、アブデル＝マレクは、そのような本質主義的考え方を批判しています。

なるほど。別の方法で同じ結果に到達するということは、あり得ます。

――この考え方は、『文明の接近』の中にも登場します。あなたは、イスラムを本質化し、悪魔化することに他ならないホモ・イスラミクスという観念を告発していました。そして、その発想は、『最後の転落』のそれと同じだと言っていました（本書八二頁参照）。

それはその通りです。ただ今では私は、そうしたことからすっかり抜け出しています。「家族システムの起源」についての私の理論の中では、自由主義的、個人主義的、等々である西ヨーロッパの家族構造は、近代性の、もしくは歴史の創造物ではなく、単に人類の起源的な古代的形態にきわめて近い、ということになります。ですから実は、私がいま擁護している観念とは、西洋人というのは、未開人だということです。

――『家族システムの起源』においては、人類は絶対核家族から出発します〔解説一八七頁参照〕。「絶対」ではありません。「核家族」ではあります。ただし、双系的な親族のネットワーク、つまり男と女の繋がりが基本をなす親族集団の中に取り込まれています。つまり、核家族と柔軟な親族ネットワークの組み合せです。

――人類は核家族から始めて、核家族に戻る、ということですね。

それは分かりません。

――それこそ、近代性というもののパラドックスです。人間は、核家族から出発したが、ある時期、最も発達した、最も進んだ家族類型は、父系共同体家族となった。何故かというと、それが軍事的次元で最も有効な、征服を行なう上で最も有効な家族類型だったからだ。だからユーラシア大陸は、この家族類型によって占拠されることとなった。しかし、ユーラシアの果てのヨーロッパ半島の端に、家族システムが絶対核家族であるいくつかの未開人集団がいた、ということですね。

絶対核家族が出現するには、国家が必要です。

――私が言っているのは、イングランド人のことです。オランダ人、もしかしたらデンマーク人を加えてもいいでしょう。これらの未開人たちは、四方に拡大し、ひじょうに強大になって、全世界を征服するに至った。これはパラドックスに他なりません。ここでこの文に目を通して下さいませんか。あなたの体系について私が加えた解説からの抜粋です。

「それだけでなく［トッドは］、エジプト、メソポタミア、中国といった地域に共同体家族が伝播した時期についても、大胆な推定を提出している。例えば中国では、それは秦による戦国中国の統一の時期であるらしい。してみるとあの秦の峻厳な法家思想は、まさに共同体家族特有の共産主義的思想の古代版であり、それまで中国を支配していた直系家族のイデオロギーである儒教が焚書坑儒によって徹底的に弾圧されたのも、まことに当を得た話なのである。自らが策定した厳罰主義の法によって密告され、車裂きの刑に処された苛烈な改革者商鞅も、何やら共産主義的英雄に思えて来るではないか。

またこの家族類型が広大な地域に広がった理由としては、それが軍事的組織化に適性を持つことが、指摘されている。そしてもしこの仮説が正しいなら、近代性を形成する主力となった核家族、特に絶対核家族は、最も古い、原始的な家族類型であるということにもなるのである。これまで最も近代的とイメージされていた絶対核家族にとって、何とも逆説的なことではないか。そしてこの逆説こそは、高度の軍事的組織力によって諸帝国が栄枯盛衰を繰り広げるユーラシアの西の果てに、それとは全く異質の原理として芽生え、成長し、やがて全世界を征服するに至った、近代性というものの逆説に他ならないのではなかろうか。」

（石崎晴己「トッド人類学の基礎」『世界像革命』二九頁）

（目を通した後に）実に素晴らしいモデルですね。あなたは、本物の物語作家の才能をもって、実に見事にそれを物語ります。それを聞いていると、四〇年の研究経歴の末に、私はついに、人類の歴史のものすごく単純なヴィジョンにたどり着いたものだ、という気分になります。たしかに、あなたがイングランドを、未開人が生き残って、新たな冒険に向かって出発する場所として提示するのは、実に壮大です。その後には、アメリカがあるわけで……。

――ロマンチックではありますね。

いやいや、大変結構ですよ。要するに、価値判断があるわけではありません。それは、西洋人は独特の才能を持っていることを意味しません。まさに西洋人の身の上には、何かが起こらなかった*、だから彼らは、他の人びとが以前やっていたことを、相変わらずやり続けた、ということを意味します。西洋人は、洞窟の人間たちの活力を持っていた、というわけです。

＊ 核家族が、複合家族、特に父系共同体家族に変化する、ということが起こらなかった。あるいは、起こる前に、近代を迎えた。

――活力、それにおそらくヴァイタリティですね。

そうです。またこのようにも言うことができるでしょう。日本はドイツと同様で、直系家族という中間的形態*をとっているわけですが、この両国には、歴史があり、完成へと至る道があります。長い歴史、膨大な文化的蓄積があり、人々は高度に洗練されている。こうなると、完成の行き過ぎが社会を固定《ブロック》してしまうことになりかねません。日本やドイツに対して、アメリカ合衆国やイギリスやフランスが、いまなお力強さを持っているのは、しっちゃかめっちゃかだからなのです。無秩序の活力です。そして日本の問題とは、まさに「すべてが完成してしまった今、どうしたらいいのか」ということなのです。

* 家族構造が、核家族という単純形態から、共同体家族という複合家族の完成形態へ至る中間、の謂い。

今後の世界のゆくえ

――あなたは、フランス北部について楽観的なヴィジョンを持っています。二〇四〇年から二〇五〇年頃に繁栄の時を迎える、*というような。

何か新しいものが出現する、と言っているだけです。

* 『環』五六号所収のインタビュー（本書所収インタビュー2）にて、彼はパリ地域が「世界の驚異の一つとなる。……この地上のすべての人種・民族が融合した世界で稀な地域の一つとなる」（本書五五―五六頁）と語っている。

――そして、アメリカについても、同様だと、（私的な会食の場で）言っていますね。

いま私は、アメリカ合衆国について研究しています。アメリカ合衆国に対する態度を、大幅に変えつつあります。最初の選挙でオバマが大統領になったときは、大して感銘を受けませんでしたが、二期目の選挙以降は違います。格差に対する闘いというテーマ系が大きくなっており、イデオロギー的な作業が行われています。工業の再建に対する関心も高まっています。京都でも言ったことですが、備えなければなりません。『帝国以後』＊は、非常に批判的な本でしたが、ブッシュが相手のときは、アメリカに最悪の事態が起こることに備える必要がありました。オバマが相手である現在は、アメリカ人が再び共感を抱ける人間となるという事態に備えなければならないのです。桁外れの生産効率が回復されると想像することはできません。アメリカの教育水準が、その可能性を排除しています。しかし、安定して、より好感の持てる、より寛容なものとなって行く社会、これがフランスや日本にとって必要なアメリカなのです。あまり強大すぎず、寛容で、再び理性を取り戻すアメリカ、です。私がイランとの交渉がひじょうに象徴的な価値を持つと考えるのは、そのためです。これを受入れたのは、均衡のとれた世界像に立ち戻り、差異を受入れるアメリカなのです。それはフランス人にとっても、日本人にとってもきわめて重要だと思います。日本にとっての根本的な問題というのは、アメリカは必要な同盟国であるが、日本には重要な文化がありますので、文化的差異に対するアメリカの不寛容は耐えがたい、ということです。アメリカが差異に対して寛容であることは、日本にとっては枢要の要件なのです。

＊　トッドは、このインタビューの直前に、二〇一三年十二月二日（月）に京都国際会館で行なわれた国際シンポジウム「グローバル資本主義を超えて」に参加しており、その中で、オバマ大統領の二期目に、アメリカ社会が変わっていく可能性を見ようとする発言をしている。このシンポジウムは、『文藝春秋』二月特大号（二〇一四年）に掲載されている（一〇一頁参照）。なお、このシンポジウムの内容は、その後、再編されて、文春新書『グローバリズムが世界を滅ぼす』に再録された。

――「寛容」という語を「普遍的」という語に替えることはできるでしょうか。

人間は普遍的ですが、文化はさまざまに異なります。人間は普遍的なものと認める必要がありますが、文化はさまざまに異なるという事実を受入れなければなりません。世界のさまざまに異なる地域で、人々は、生存に意味を与えるためのさまざまに異なる手段を発見したわけです。その意味では、イランで起こっていることは、私に言わせれば、単なる地政学的な問題ではありません。局地的《ローカル》な問題ではないのです。フランスにとって、日本にとって、すべての国々、すべての中位の強国にとって、重要です。これらの国々は、根本的に、アメリカとの友好関係を必要としていますが、自分流の民主主義を、自分流の資本主義観を輸出しようとするアメリカとは、ともに生きることができないのです。ですからイランとの交渉開始は、本当に大転換なのです。

——もしイランの状況が、その現大統領の下で、このような形で続いて行くなら、イスラエルが……。

現段階でイスラエルのことなど、だれも気にしません。イスラエルを攻撃しようとする者は誰一人いませんし、イスラエルには何の危険もありません。イスラエルは核兵器を持っています。もし事態が沈静化して行くなら、イスラエルの存在など忘れられてしまうでしょう。

——イスラエルは、アメリカの保守勢力と緊密な関係を結んでいますね。

アメリカとイスラエルの関係というのは、不安定な関係です。イスラエルの最初の軍隊の装備は、フランスによって提供されました。ド・ゴール以前のことです。アメリカがイスラエルに興味を持つようになったのは、六日戦争〔一九六七年の第三次中東戦争〕のあとになってからです。イスラエルが軍事的に効果的であることが明らかになってから、イスラエルに興味を抱くようになったので、一九六七年以降にすぎません。

——最後に中国のことを伺って、終りにしたいと思います。二つの仮説が考えられ、その一つは、中国は超大国となる、というもので、もう一つは、崩壊する、とまでは言わずとも、政体のせいで機能不全に沈み込んで行く、というものですが、あなたのお考えは？

私は、すべての人口統計学者と同じです。人口統計学者は、中国に関して懐疑的です。中国の出生率は、急速に低下しました。人口統計学者は、中国には、人口ボーナスの時期と呼ばれる、人口統計学的に好適な時期があったということを知っています。つまり、依存者がきわめて少ない時期、老人が少なく、子どもも少なく、膨大な労働力人口があった時期です。いまやこの局面は終わりつつあり、中国の人口は、史上未曾有の速さで高齢化し始めます。

平均的サイズの国なら、その衰退なり危機なりを移民の導入によって調節することを考えることもできましょう。しかし、人口一三億の国の人口の不均衡などというものは、前代未聞です。中国の均衡を取り戻すことなどだれにもできません。ですから私は、すべての人口統計学者のように、いささか懐疑的であるわけです。それに、その点を別にしても、中国のテイクオフで驚くべき点は、たしかに経済はまことに賢明なやり方で自由化されましたが、中国の経済的テイクオフを決定した人たちというのは、中国共産党の人たちではなく、西側多国籍企業の経営者たちだという点です。ですから私は、中国共産党が素晴らしい計画をもっているという考えは信じられません。とりわけ、国内総生産の四〇%から五〇%という投資率は、スターリン時代のロシアの過剰投資を連想させる、共産主義のよくある例のお話《オールド・ストーリー》を思わせます。

――つまり、非効率的ということですね。

ええ、投資はじゃぶじゃぶと水浸し状態です。しかし、発展もあります。生活水準は上昇し、政体ははるかに自由主義的になっています。中国が良い方向に変遷してきたのは、完全に明らかです。しかし、その問題があるわけです。また、もう一つ不安な点は、中国で格差のすさまじい拡大があったということです。

しかし、中国は日本ではありません。日本は、階層序列的な文化があり、平等の観念にそれほど執着しません。中国は、平等にこだわります。家族構造は平等主義的*です。彼らは中国革命をなし遂げました。ですから、不安定な行動の可能性が喚起されます。それに現在の対外政策に関する中国の態度は、やはりとても不安を抱かせます。ですから、ポジティヴな点もありますが、どちらかと言うと、基本的には不安の方に私は傾かざるを得ません。

＊ 中国の家族構造は、共同体家族で、これは父と子の間の権威主義的関係と、兄弟間の平等主義的関係から構成され、共産主義という近現代イデオロギーと親和的である。それに対して、日本やドイツの直系家族は、権威と不平等を基本的価値観とし、階層序列的心性に親和性を持っている。

――やがては崩壊へ、ですか。

さあ、分かりません。すでにいくつもの予言が当たっているのですから、私としては、中国について無益なリスクを冒して、予言者としての自分のイメージを台無しにするような真似はできませんよ。私の年齢になると、三〇年から四〇年先の予想をするのが、最も安全だと思いますね。

（聞き手＝石崎晴己）

（二〇一三年十二月七日／於・東京）

2

フランス、そして世界で、今何が起きているか

『不均衡という病』

家族システムと居住環境という二つの変数

――本書『不均衡という病』は魅惑的な本ですが、主たる目的が二つないし三つあると思います。その第一は、学術的な目的で、以前は（『新ヨーロッパ大全』では）人類学的基底をなすものとして、家族システムと農地制度がありましたが、ここでは「居住環境」というのが出て来ます。この要素を導入したのは、どうしてですか。

二つあります。まず、私は家族システムの専門家で、家族システムをそれ自体として研究すると同時に、イデオロギーと社会生活に対して家族システムが及ぼす影響を調べるために家族システムを研究しています。居住環境という変数は、共著者、エルヴェ・ル・ブラーズが愛好する変数です。そこで家族システムと居住環境という二つの変数を採用することにしたのです。

二つの変数の一致と小さな不一致を書き出しました。大抵は、集村的居住環境は核家族と照応しますが、必ず、というわけではありません。しかし実際は、二つの変数の一致とか不一致とかは重要ではないのです。本書の目的は、伝統的な人類学的基底を確定し、個人の集団への統合の度合を測定することですが、それは、それが近代性をどのように説明するかを突き止めるためです。家族システムと居住環境様式の間の相互作用を説明することが目的ではありません。

同様に、居住環境様式と家族システムと宗教的伝統の力の間の相互作用を説明することが目的でもなく、これらすべての伝統的な要素を組み合わせて、地図を作成し、フランスの各地域を区分するのが重要でした。きわめて個人主義的な地域、きわめて集団的な地域、そして中間的な地域という風に。これは非常に経験主義的な作業だったのです。

——私が考えたのは以下のようなことです。すなわち、直系家族のような複合的家族システムは、近代化が進行するにつれて解体していく。そうなると、家族システムに由来する心性も変ってしまうのではないか、ということになる。そこであなたが見出した解決法は、家族システムによって培われた当該地域の心性は、学校や職場などの地域社会のさまざまな組織によって維持され、機能し続ける、という説明法でした。しかし今回、この説明を補足する要素として、居住環境を採用したのだ、ということですが……。

その通りです。しかし本書執筆の過程においても、文化の伝承についての私の考え方は変わりました。土地の記憶という概念が出て来たのです。それはエルヴェの着想です。そこで考えたのは、「家族システムというのは、世代の継起だけではない。一定の地域で配偶者の交換をするものだ。だから家族システムの概念には、すでに地域という概念が含まれる。家族システムとは、これこれの地域における家族的価値観のことなのだ」ということです。

私は討論を通して、また自分自身でも、変遷し続けまして、今では価値観の伝承のメカニズムについて、以前とは考えを変え始めたと思います。初期の著作の中で、家族システムとイデオロギーの照応を観察した時、私が抱いていた価値観モデルはいささかフロイト的、精神分析的なものでした。つまり、子供への価値観の伝承はきわめて強力なプロセスであって、人格形成の深層に刻み込まれるそうした強力な価値観が、イデオロギーに作用を及ぼし、永続して行くのだ、というわけです。

しかし今はむしろ、実は価値観というのは、地域の中で強力に働き、永続して行くが、個人のレベルではそれほど強力でない、と考えるようになっています。つまり個人個人が価値観を抱く度合は強くはないが、個人の数が多いので、システムはなかなか変らないのだ、個人がこの価値体系から抜け出そうとしても、システム全体には何の影響も及ぼさない、というわけです。

このモデルはまた、フランスでは国内移住が多数行なわれますが、こうした国内移住によって個人は価値体系を変える、というのを説明することを可能にします。模倣的行動、等々が起こるのですが、それはまさに変化であるわけです。

――いずれにせよ本書は、一種、人類学の賛美の書となっています。本書の結論であなたは、人類学とは、人間を抽象的なものに還元してしまう金融というものの「反意語」[*1]だと述べています。また、グローバリゼーションによって突きつけられた危機にあって、人類学はより重要性を帯びる[*2]とも言っています。

まさにその通りです。私は、経済を管理する人々、ユーロを創設した人々の根本的な誤りは、人間というものについて非常に表面的な見方をしている、とりわけ近代性とはどこか一点への収斂だと考えている、という点だと思います。フランスの例が示しているのは、フランスというのはきわめて多様な国で、収斂はない、ということです。現在、危機にある最先進諸国で何が起こっているかを理解するための正しい作業仮説とは、最先進国社会は、収斂ではなく分岐の道にあるということを理解することです。

＊1　「超自由主義的《ウルトラ・リベラル》「金融」の君臨とは、単に金銭の支配を表すだけでなく、人間についての抽象的な見方の支配を表すものでもある。……人類学とは、金融の反意語に他ならない」（『不均衡という病』三六一―三六二頁）。

＊2　「……逆境にある社会は、その人類学的深層の中に、逆境に抵抗する力を探し求める。……家族と地域共同体の人類学は、もしかしたら、経済危機に対する対応を分析するための特権的学問分野になれるかもしれない」（『不均衡という病』三〇九頁）。

極端な言い方をするなら、このフランスを扱う本は、私にとってはいささか、世界中で何が起こっているかを理解しようとするための部分的な下書きなのです。危機はむしろ伝統的な価値観の固体化を招来するという直観は、私が東日本大震災に遭った日本の東北地方を訪れた時に抱いた直観です〔6の対談を参照〕。日本と東北の人々がこの苦難を、彼らの基本的な助け合いの価値観に依拠して乗り越えようとしているのは、明らかでしたので、私は「なるほど、そうなのか」と呟いたのです。ですからこの本はフランスについての本ですが、その理論的・実践的帰結は、完全に全世界に関わるものだと、私は思います。それに本書の基本的着想は、東北を訪れた際、日本で抱いたものです。東北は日本でも最も伝統的な地方の一つですが、フランス人からするとひじょうに近代的でもあるからです。

日本では、あらゆるものが近代的です。日本は本当に、近代性というのは各地の文化システムの消滅ではないということを実感できる、理想的な場所です。しかしフランスは、文化的多様性について検討するには理想的な場所です。何と言っても、日本に比べてはるかに異種混交的な国なのですから。

――なぜフランスはこれほど異種混交的なのか、ということが常に気になっていました。それは、研究者と研究対象の弁証法的関係のせいではありませんか。研究者がフランス人であるため、フランスについての研究が精密になるという。

いいえ、全く違います。ここで詳細に踏み込むことはできませんが、フランスがヨーロッパで最も多様な国であることにはいかなる疑いの余地もありません。

――フランスは、すべての要素を含んでいますね。イタリアやスペインは、二つ三つの異なる要素を含んでいますが、フランスは……。

五つか六つです。それにフランスには、中間的地帯がいくつもあります〔『不均衡という病』六七頁、地図1―4を参照〕。スペインやイタリアの人類学的区分は、きわめて明瞭です。ドイツは、イングランドと同様に、かなり同質的です。微妙な差異はありますが。フランスには、はっきりと対立する複数のシステムがあります。地図を見れば、それはよく分かります。この国は、北海にも、大西洋にも、ゲルマン系諸国にも、地中海にも面しています。かつてはケルト系の住民もいました。実際にフランスを縦断してブルターニュからプロヴァンスへと行くとするなら、世界が全く異なります。同じフランス語が話されていますが、人々のあり方は違います。金《かね》に対する関わり方も異なれば、労働に対する関わり方も異なります。ヨーロッパの国と国が異なるのと同じほど異なります。その点では、ル・ブラーズと意見は一致しています。研究者の錯覚で、自分たちの国だけが不思議なほど多様だと考えているわけではないのです。

自由と平等の地の衰退

――ではここで、中心的テーマに入りたいと思います。本書の第二のポイントは、あなた方はそうした人類学的方法であるがままのフランスを再検討なさったが、そこで確認されたのは世俗的な自由主義的・平等主義的地域の衰退だ、ということです。この地域は、近現代史の、フランスだけでなく全世界の近現代史の主たる推進力でした。おそらくイングランドとともに、近代性を創り出した第一の形成者であったこの地が、転落し、意気消沈して鬱病にさえなっている、それはまさしく、革命の夢、啓蒙の夢の悲劇的な逆転に他なりません。それは自由と平等の地にして、「大きな物語」、啓蒙という「物語」の主要な舞台でした。全世界の人々、明治維新以来の近代日本人は、この地域の魅力に魅惑されて来ました。その地が、教育水準等々で転落状態にあるというのは、まさに「歴史の終り」に他なりません。

私としては、一時的衰退と言いたいところです。この平等主義的個人主義の衰退が一時的であることの根本的な理由は、それがパリ地域で起こっているという点です。パリ地域は、それだけでパリ盆地の半分以上をなしますが、それは、考えられるあらゆる移民の流入の到達点ですから、いま新たなスープが作られつつある大きな鍋のようなものです。世界各地から来た住民が非常に高い混交婚率で融合しつつあり、その肌の色を変えつつある地域です。

ですから今は無秩序化し、細分化しており、できることと言ったら、せいぜい二〇〇五年の郊外の暴動*ぐらいのものですが、二〇三〇年、二〇五〇年には、パリ地域は世界の驚異〔七不思議〕の一つとなることは、請け合いです。この地上のすべての人種・民族が融合した世界で稀な地域の一つとなるでしょう。ですから、一時的な衰退なのです。

同様に、カトリック地域の強大さもまた一時的なものにすぎません。現在の周縁部地域が強いのは、つい最近カトリック教から抜け出したばかりの一時的な興奮状態があるからですが、〈ゾンビ・カトリック教〉〔解説参照〕は永遠ではありません。それの衰弱は予想できますし、広義のパリ地域における新たなフランス文化の出現も予想できます。パリ地域は今のところ不活発ですが、実は、あらゆる肌の色、あらゆる宗教の互いに異なる住民の融合を前提とした新たなフランス文化を集中させることになります。

＊　二〇〇五年十一月に、パリ北郊のクリシー（セーヌ・サンドニ県）で、警官の職務尋問を振り切ったマグレブ（北アフリカ）系の若者が、逃げ込んだ変電所で感電死したことをきっかけにして起こった、ブール（マグレブ系二、三世）や黒人系の若者による暴動。一九六八年の五月革命以来三八年振りの非常事態宣言が発動された。

大統領になる前の内務大臣たるサルコジが、面と向かって若者たちを「社会のくず」呼ばわりした映像が全世界に配信されて、火に油を注いだが、サルコジはこの強硬派イメージを利用して、二年後の大統領選挙に勝利したと言える。

なおこの暴動の数カ月後（翌二〇〇六年三月）には、首相ド・ヴィルパンが提案したＣＰＥ（初回雇用契約）への反対運動が起こり、一部で暴徒化したが、こちらの方は、中産階級の白人系高学歴青年の運動であった。ド・ヴィルパンは、結局この法案を撤回。この挫折がサルコジにとって有利に働くことになった。

なお当時、移民系の若者によるこの暴動を、二〇〇四年三月のスペイン列車爆破テロや二〇〇五年七月のロンドン同時爆破テロと同様の、イスラム系の反西洋テロの流れに位置づける論調がある中で、トッドは、街頭での実力行使というフランス的政治慣行を移民二、三世が実践した、フランス的価値への同化を示す事例と評価している。本文でトッドが、ことさらこの暴動を挙げているのは、世界各地から来た移民の融合という展望の中で、有意的であるからと思われる。

——第二の点は、〈保護層〉（解説参照）の概念です。保護層とは、厳しく苛烈な資本主義にさらされた時、住民を保護する価値観、道徳、慣習の層で、周縁部では、カトリック教もしくはゾンビ・カトリック教が、それになります。

もしくは家族的伝統ですね。ゾンビ・カトリック教と直系家族の二つは、重なり合うわけです。

——それに対して、世俗的地域では共産主義が保護層だったと、あなたは言います。通常は保護層とは、資本主義の勢力伸張から人々を保護するものなのですが……。

資本主義だけでなく、個人主義からもです。ル・ブラーズと私が完全に一致する点の一つは、まさに生活様式、人類学、文化は、経済よりも深いところにあるという考えです。

それに私としては、資本主義というのは、個人主義の勢力伸張の一つの結果にすぎないと考えます。資本主義が個人主義を作り出すわけではありません。

——共産主義が、資本主義に対する保護層だというのは、いささか歴史の逆転のようで、面白いですね。共産主義は、資本主義の後に来るものとされていますから。それは兎も角、世俗的地域には、まず啓蒙があり、次に大革命、その次に共和制が来て、それから共産主義が来ることになりますね。しかしその共産主義は、ソ連のような、社会・経済・政治制度としての共産主義ではなく、純粋にイデオロギーとして生きられた共産主義です。実現された共産主義よりはるかに純粋なものです。

私たち二人の共著者について述べるなら、私はどちらかと言うとこの共産主義の伝統の出身であり、ル・ブラーズは、素晴らしいカトリック家族の出身です。私たちは二つのフランスを体現しているわけです。

——この考えは、ソルボンヌのフランス革命史講座のことを思わせます。アルベール・ソブールのようなソルボンヌ派にとって、ロシア革命はフランス革命を継承するものでした。共産主義は、フランス革命を完成させる運動として生きられていたのです。フランソワ・フュレ（三三頁の註＊2を参照）は、それを批判しました。ただ心性の継続性として、共産主義が、啓蒙、大革命、共和制、世俗主義の延長上にあるというのは、魅力的な考えです。

このモデルは、共産主義を人類学的・宗教的シークエンスの中で捉えるもので、経済史との関係は副次的です。フランスにおいて共産主義は、その絶頂期には、空間的にカトリック教会に対して補完的な地位を占めていました。ですから、共産主義の地図はカトリック教の地図とネガの関係にあったのです。それは宗教的な地図で、共産主義は、最後には世俗性という宗教的空間を占めることになりました。

――この図式は非常に魅惑的です。例えばロシア人のような他の諸国民は、国家化された、現実の共産主義を体験したのに対して、世俗地帯のフランス人は、共産主義をその理念的な純粋性において経験したわけです。

私は若い頃、共産党員でしたが、その私が共産党について非常に良い思い出を抱いているのは、そのせいです。フランス共産党は、モスクワにコントロールされるスターリン主義政党でしたが、文化的価値観、相互扶助の価値観を持っていました。それにフランスは、非常に文明化された民衆諸階層、労働者階級を擁していました。

このことは、本書の構築において非常に興味深い要素です。共産主義に強い執着を抱き、それを論じ、研究テーマとしたのは、エルヴェですが、私にとってそのテーマは馴染み深いものであり、要するに二人は議論の中で、フランスがフランス共産党とともに何を失ったのかを理解するに至ったのです。この点を述べた上で、ロシアとの類似について語ることができます。

共産主義は、経済面ではきわめて効率の悪いイデオロギーでした。しかし共産主義が崩壊したあと、ロシアでは長い間、さらにひどい状態が続きました。それは集団的信仰であり、個人の生活はこの集団的信仰によって組織立てられていたからです。しかしフランスで共産党が崩壊したとき、それもやはり集団的信仰だったのです。その時はそれに気付きませんでしたが。それは行動を構造付け、人々に安心感を与え、進歩の観念を培っていました。現在のフランス社会の危機の一部分、民衆階層の中での存在の意味の喪失、等々は、共産主義の危機なのです。

ですから、パリの郊外、このフランスの中心部において、ロシアで起こったのと何か関連のあることが起こったのです。これは大発見だと思います。何しろ、共産主義というのは単におぞましいだけのものだ、あれはスターリニズムだ、それを厄介払いしたのは素晴らしいことだ、とだれもが考えていたのですから。

個人的な具体例を二つほど挙げましょう。十六歳から十八歳の頃、私は共産党の活動家でしたが、私の属していた細胞〔共産党の基礎組織〕の思い出です。一九六八年で、私がバカロレアに通った年のことです。五月革命の後の選挙がありました。私は共産党のポスター貼りに参加しました。午前三時に起きて、右翼と追い抜きレースをやるなど、もう楽しくて仕方ありませんでした。ところがある日、私が知的ブルジョワ家族の出なので、細胞の書記は「エマニュエル、もういい、ポスター貼りはやめにして、バカロレアの試験勉強をし給え」と言ったのです。

彼はルノー社の鋳物工でした。共産党というのは、こういうものだったのです。もう一つの例は、当時、党のシンパがいました。有権者で、細胞の周りをうろうろし、しょっちゅう反アラブの、本当に不愉快なことを口にしていましたが、ある日、共産党に入りたいと言い出しました。すると件の細胞書記は彼にこう言ったのです。「いいかい、お前、そいつは出来ない相談だ。お前のような人種主義的な言動をする奴は、そうしたいなら党に投票したって構わないが、フランス共産党に所属する資格はないんだよ」と。こういうものだったのです、共産党は。その後、共産党は崩壊し、驚いているうちに、国民戦線が伸して来ました。ですから、共産党には、本当に素晴らしい積極的な価値があったのです。

——イタリアでも同様だと思いますか。

もちろんです。共産主義というのは、全体主義的なもの、独裁的なもの等々を背負っていましたが、根本的には、啓蒙のイデオロギーの副産物です。進歩とか平等とか教育という価値は、いずれも啓蒙の価値なのです。

——ですから、その地域のフランス人は、「歴史の終り」を生きているということですね。

一時的に、です。

フランス・システムが変調を来している

——さていよいよ国民戦線です。あなたの本の構成は、まず基礎的な人類学的要素があり、次いで教育や、女性の解放、脱工業化といった社会生活の基礎、そして政党が来て、最後に国民戦線となります。つまり国民戦線は、日本語でクライマックスと呼ばれるもの、つまり悲劇の大詰めの位置に来るわけです。

大詰めだとしたら、それは実際はあまり重要なものとはならないと言うためのものです。むしろその方がハッピーエンドでしょう。

——しかし一つのテクストとしての観点からすると、それはぐらかされた大詰めです。最後の数行に至るまで、私は、国民戦線は世俗地域に適合した政党という地位を占めることになると、あなたが言うのではないかという気がしていました。

いいえ、そんなことはありません。本書の中で、人類学的構造の次に研究されているのは、教育の動きです。そして国民戦線現象についてなされる説明は、これを新たな教育絡みの階層化に結びつけています。つまり若者の中の四〇％は高等教育に進み、次の四〇％は技術教育を受け、その下が二〇％となります。そして教育の面で停滞し始めた社会の中で、再び下に転落することへの恐れが蔓延しています。

国民戦線に投票するというのは、言わば敗者の陣営に属するということになるわけです。それ自体が、ほとんど文化的階級脱落の印なのです。ですから国民戦線への投票がフランス社会の核心部にまで広がることはあり得ません。それに高等教育を受けた若い世代は、国民戦線に対して完全に免疫があります。移民と高等教育学歴者が大勢いる、フランスの核心部たるこの広義のパリ地域では、国民戦線への免疫が広がっています。ですから国民戦線とは、地理的・社会的外縁部の現象であり、学業を多く行なわなかった者、失業中の者の典型的な現象なのです。

あれがフランスの全国システムの核心部を奪取する可能性は、完全にゼロです。国民戦線はきわめて重要になるだろうという解説も耳にしますが、国民戦線は一九八八年〔大統領選挙〕に得票率一五％で、今度〔二〇一二年〕は一七％でした。つまり二五年間で二％増えただけです。*

＊ 厳密には、それぞれ一四・四％と一七・九％で、三・五％増。

――フランスの政党について論じるところで、あなたは、二つの勢力が人類学的基底を交換したと言っています。*右派が平等主義の地盤を、左派が差異主義の地盤を占めているわけです。ということは、土台と同位相にある政党がないということを意味するわけですね。

すべてがこの本の中で説明されているわけではありません。これは経験主義的な本です。ここでわれわれが浮き彫りにしたのは、フランス・システムが変調を来しているということだと思います。本当に異常な状況というのがいくつもあります。シャンパーニュはフランス革命を行なった地域ですが、そこの民衆階層が、大統領選挙第二回投票でサルコジに投票するのとか、革命に抵抗した地域が、社会党に膨大な多数を与えるのを見るにつけ、どうも何かがうまく運んでいないという気がします。しかし、もう一度言いますが、これは一時的な状態です。

＊　フランスは早くから脱キリスト教化が進んだ平等主義的中央部地域と、カトリック教の信仰が最近まで活発であった周縁部地域に、二分されるが、後者は家族システムとしてはおおむね直系家族によって占められ、それゆえ権威と不平等、秩序と規律の価値観が支配する、気質的には差異主義的な地域である。

左派の政治勢力としては、かつては共産党が平等主義的中央部の支配的政党であったのに対して、キリスト教系の労働運動を母胎としていた社会党が、この地域の優勢政党であった。しかし共産党の崩壊と、脱工業化の進展によって、革新的平等主義地域を地盤とする有力な左派政党が存在しないという一種の「空白」が生じている。これは『不均衡という病』中の最近の左派大統領候補（二〇〇七年のロワイヤルと二〇一二年のオランド）の得票率の地図（地図10－1）を見ても一目瞭然である。

逆に右派政党（UMP）は、その地盤とする地域の平等主義に足を取られて、「不平等の正統性に確信が持てない」でいる。つまり支配的な二大政党が、支持基盤との間に齟齬を抱えており、そのため一貫した自己同一性に到達し得ないでいる、とトッドは分析するのである（「結論」参照）。

本書の方法論の他国への適用

――あなた方が本書の中で展開した地図作成の方法論は、他の国にも適用できると考えますか。

適用できるはずです。この地図作成法は、私の共著者、ル・ブラーズが考案したものですから、この話をするのは、望むところです。彼は、市町村レベルで取られたデータを用いて、実に強力な技法を開発しました。情報プログラムはすべて、彼が考案したものです。彼は私と同様、日本に大いに賛嘆の念を抱く者ですから、われわれはしばしば、この方法を素晴らしい日本の統計データに適用して、日本の研究をしたいものだと、話し合ったものです。日本は完全に同質的ではないこと、大きな差異がいくつもあることを、われわれは知っています。

――しかし家族という点では、直系家族ですよね。

そうです。しかし東北にはより大きな家族構造があります。また日本の南部、瀬戸内海の周りと九州には、女性がより高いステータスを持っていたシステムの痕跡があります。ですからいろいろなことが分かるでしょう。何が見つかるか分かりませんが、大都会大阪・

神戸は、東京メガロポリスとはおそらく違った行動をするのが、見えるでしょう。私たちが仕事を始めた時には、何を見つけることになるか、分かっていませんでした。伝統的な諸力の深層での作用が、これほど見えるようになるとは、それがこれほどまでに近代性を誘導していたとは、考えてもみなかったのです。最初から分かっているということではないのです。経験主義的な仕事なのですから、仕事をしてみる必要があるのです。

——例えばドイツはどうですか。

ドイツは、家族システムはかなり同質的ですが、微妙な差はあります。家族構造の多様性は、ほぼ日本と同じくらいのレベルです。宗教的には、カトリック教とプロテスタント教という非常に強い亀裂があり、プロテスタント教も場所によってタイプが二つあります。それにやはり共産主義の痕跡も残っています。東ドイツの共産主義が、ルター派プロテスタント教の伝統の上に重ね合わさっています。ですから何が出てくるか分かりません。それにフランスよりさらに激しい移住がありました。第二次世界大戦直後の住民移動のせいですが、また最近、東ドイツの若者のかなり大きな部分が、西に吸収されたせいでもあります。

――エルヴェ・ル・ブラーズとの共同作業について一言お願いします。

私たちはずっと以前からの知り合いで、最初の共著は一九八一年の『フランスの創出』です。これも地図作成による本でした。自動的地図作成法のスタートとなる著作でした。しかし『フランスの創出』の地図は、県レベルのデータによるもので、はるかに単純でした。私たちは出発点からすでに、文化的・人類学的・宗教的価値に対する信頼を共有しており、表面に現われる経済的側面は、あまり重視しませんでした。それは当たり前です。私たちは二人とも人口統計学者なのですから。エルヴェは、非常に偉大な人口統計学者です。私はごく卑小な人口統計学者ですが（笑）。それに二人は非常に相互補完的なのです。彼は情報学と数学の桁外れの技量を持ち、フランス最大の人口統計学者で、国際的にも知られています。私は歴史に通じており、全く特殊な人類学の知識を持ち、家族システムとイデオロギーの関わりについて独特の仮説を持っています。お互いをよく知っており、こうしてビストロで議論するわけですが……。

――ビストロでですか！

そうです。サルトル以来のフランス知識人の伝統に則って、カフェで仕事をするのです

（笑）。また夏休みの間は、彼はＩＮＳＥＥ〔国立統計経済研究所〕のデータにアクセスして、それを私のブルターニュの藁葺き屋根の家に送ってきます。こうして二人で仕事をすると、本当に研究の力が増幅するという印象を抱きます。本書の中に盛り込まれたデータと仮説の量を考えてみるなら、またこれが一年で書かれたことを思うなら、本当に研究力の増幅があったということを、認めることができるでしょう。

その上さらに私たちは二つのフランス、共産主義のフランスとカトリックのフランス、もしくは共産主義以後のフランスとゾンビ・カトリックのフランスについて、それぞれプラス・アルファの能力を持っていました。私はユダヤ・ボリシェヴィキ的伝統の核心部、つまり共産主義フランスの出身で、エルヴェは、素晴らしいカトリック家族に生まれたのですから。

——あなたの本は「フランスは気分が優れない」という文で始まり、「結論」の最初の文は「その深層部において、フランスはそれほど具合が悪くない」です。

ええ。「気分が良い」というのは、主観的なことであり、「具合が悪くない」は客観的なことです。フランスを他の国と比較する際に、単に経済的な変数を比較するだけで済ませないのであれば、事態は明瞭になります。経済的変数だけを見るなら、現在のフランスは破滅です。しかしフランスの出生率はヨーロッパで最も高く、しかもそれは部分的には、高等教育を受けた中産階級の女性の出生率です。これは奇跡です。こんな例は他にはスウェーデンしかありません。経済面で比較するなら、ドイツや日本はフランスより強力であることは明らかです。しかし将来の建設という意味で「気分が良い」かどうか、ということになると、出生率指数からして、フランスの方が将来性があることは確実です。フランスの出生率は、女性一人当たり子供二で、多少の移民があります。ドイツと日本は一・四です。ドイツや日本は、経済的合理性だけを偏重していますが、経済的合理性だけでは、社会学的な将来は覚束ないのです。その点について、ドイツ人は何の反省もしていません。日本については、人口統計学的に暗い将来に対して真剣に心配している日本シンドロームが云々されています。しかしフランスには、そんな心配は一切ありません。

——現在のフランスの大問題の一つは、一つのずれであって、人類学的基底がその重要性を取り戻しているのに、指導者たちがそれを考慮に入れる術を知らない、というのが、いくぶん本書のメッセージですね。

ええ、それはエリートの養成の問題です。エリートの教育の中に経済しかないというのでは、もう立ち行かなくなっています。この批判は、すべての先進諸国に当てはまるでしょう。すべての先進国で、エリートは、経済を管理する術を学びますが、他に何もしません。その教育は不十分なのです。アメリカのエリートも、イギリスのエリートも、ドイツのエリートも、日本のエリートも、部分的な教育しか受けていないのです。ただフランスは、全国システムが特に複雑なので、そのことが特異な結果を生じるのです。

——あなた方は、単純化して言うなら、汝自身を知れ、と勧めているわけですね。

己自身を知る、というだけではなく、己自身を受入れる、ということです。現在フランスで幅を利かせているのは、「ドイツ人のようにする必要がある。ドイツ人になる必要がある」という言説です。私たちの主張は、たとえフランス人であることを止めることに賛成票を投じるとしても、フランス人がフランス人であることを止めることは不可能だ、ということなのです。

（聞き手＝石崎晴己）

（二〇一三年十二月七日　於・東京）

3

ソ連崩壊の予言とマルクス

『最後の転落』

『最後の転落』が人生の転機に

――エマニュエル・トッドにとって、この処女出版の本『最後の転落』は、何を意味しますか。

私が本書を執筆したのは、私の生涯のロスタイムのような時期で、本を執筆しているという自覚もありませんでした。その頃ハンガリーに旅行し、何人かの同年輩のハンガリーの青年に出会いました。私と同様に、知識人の息子たちです。パリでは、まだ共産党の党員だった友人たちと論争をしていました。本を書いたのは、このハンガリー旅行から帰った後で、ちょうどケンブリッジ大学の大学院事務局と博士論文のタイトルについて、協議していました。私は当初「工業化以前のヨーロッパの農民共同体」〔Peasant Communities in preindustrial Europe〕と名付けていたのですが、三カ月の協議の末に、それは「工業化以前のヨーロッパにおける七つの農民共同体」となりました。この三カ月の間に、『最後の転落』を書いたのです。共産主義の現実についての私の考えを整理するためでした。

この本の執筆は、私にとって魔法のような啓示と解放の瞬間でした。啓示というのは、ソ連の乳児死亡率という非常に啓示的なデータを偶然発見したことです。その頃すでに

INED〔国立人口統計学研究所〕の図書室に出入りしていましたが、そこで見つけたのです。乳児死亡率は、一九七〇年から一九七四年の間、再び増加し始めていましたが、この唖然とするような乳児死亡率の数値は、だれでも世界保健機構の年鑑の中に見つけることができました。私はソ連邦と共産主義が崩壊に向かっているという、当時抱いていた感情を形にしたいという欲求を抱いたのです。解放感の方は、最初は私がハンガリー旅行から戻ったときに陥っていた無重力状態が原因です。こういう時期はあるものです。一九六八年の五月革命は、集団的無重力の瞬間だったと言うことができます。で、そのとき私は、個人的な無重力の時期にいたわけです。しかし解放というのはまた、フランス語で文を書くことへの復帰でもありました。イングランドで私は、英語にずいぶん苦労しました。特に博士論文の執筆のために。フランス語は私の母語でしたし、今日この本を読み直してみると、美しい文体で書かれているとはとても思えませんが、その頃私は生涯で初めて、一種書くことの幸せとも言うべきものを感じたのです。この本は、それなりのプランに沿って書いたわけですが、それは私としては学校の論述のプランのようなものでした。やがて原稿が出来上がり、私はそれを父〔オリヴィエ・トッド、一一頁の註＊2を参照〕に見せました。父はなかなか面白いと思うと言い、父の友人のジャン＝フランソワ・ルヴェル*も同意見でしたので、父はこれを刊行させたのです。

＊ ジャン＝フランソワ・ルヴェル Jean-François Revel, 1924-2006. 哲学者、ジャーナリスト、アカデミー・フランセーズ会員。『全体主義の誘惑』（岩崎力・西永良成訳、新潮社）、『無益にして不確実なるデカルト』（飯塚勝久訳、未來社、一九九一年）など、和訳も多数ある。

この本は私に解放的効果を及ぼしました。それまで私は、ものを書くというレベルに完全に閉じこもっていて、とてもシャイでした。ところが二十五歳でテレビに登場することになったのです。それで私のシャイなところもいくぶん直ったわけです。この本で私の生活は全く予期しない変動を蒙りました。それまでの数年間、私は、博士論文のためにフランス、イタリア、スウェーデンの農村住民の名簿という十八世紀の資料を丹念に調べて、それらの住民の家族を復元するという生活をしていました。それは非常に細かな仕事でした。その頃はまだ携帯できるパソコンなどはありませんでしたし、現代的な計算機もなく、相関係数を計算するのには、まる一日かかりました。こういう全く謹厳実直で、禁欲的で、細心綿密な生活から、私は突然、この本へと移動したわけです。この本の中にはたしかに、以前の研究の系列に属するデータ、例えば乳児死亡率も見出せますが、この本自体は極めて思弁的な本なのです。しかしケンブリッジでは、英語を身につけるためにSFを読んでいましたが、これが未来のことを考えるように仕向ける刺激となったのは、事実です。

——あなたの翻訳者（石崎）は、『家族システムの起源』のような本は、大学者なら書くことはできるだろうが、二十五歳で『最後の転落』を書くことができるのは、天才でなければならない、と言っていました。あなたはだれもが目の前にしながら見えなかったものを、見ることができたのです。

二十五歳の私は、精神的に抑制されていて、解放されておらず、文を書くにも大変苦労する小僧っ子にすぎず、自分が書いているものが何であるのか、自分では分かりませんでした。この本は、それまで隠れていた私の人格の別の様相を顕在化してくれました。何と呼んだらいいのかよく分かりませんが、リスクを引き受ける能力とでも言いましょうか。実際、私の知的人格の二つの側面、細心綿密と大胆さの間の繋がりというものが、『最後の転落』の核心に他ならない、乳児死亡率をきわめて重要なものであると特定したことの中に、窺われると思います。それに目をつけるということがあったわけですが、それがまさに専門的な着目でした。私は歴史人口統計学をやっており、乳児死亡率の重要性を承知していたわけです。その時の自信というものは、学問的な性格のものでした。何かを発見したという感じがしましたが、それが残りのすべてを成し遂げる力を与えてくれたのです。それが私を解放してくれたのです。さらに言えば、当時は、原子爆弾を発見したという気がしたものでした。それはだれにとっても明白なことだと、思っていました。しかしいまこの本を読み返してみると、どうしてこれを書くなどという大それたことができたのかと、考えてしまいます。たしかにハンガリーには行きましたが、ロシアには足を踏み入れたことがなく、ロシア語など一言も話せなかったのですから。これはその主題について何も知らないと考えられてもおかしくない人間が書いた本なのです。やはりこれは全く奇妙なことです。

ロシアに対する関心と出版後の反響

――あなたの興味をロシアへと向けたのは何ですか。

それは私が共産党の党員だったからです。当時、共産主義に関する事柄への関心というのは、まったく当たり前のことでした。そして、ハンガリー旅行で鉄のカーテンを越えたことで、私は現実の共産主義の物質的貧弱さをこの目で見ることになったのです。感覚的経験をしたわけです。もしロシアに行っていたら、おそらくこれほどよく理解しなかったでしょう。ロシアは、人々の証言から判断することができる限りでは、貧しく、抑圧的な社会ですが、西側との違いが派手に目につく社会です。ロシア人は、恐怖に震え戦《おのの》いていました。ソ連の人口統計学者に会って話すというのは、人々が互いに監視している一種カフカ的世界のごときものとの接触を始めるということでした。まるで別の世界でした。しかしハンガリーは、別の世界でさえない、まさに情けないシステムでした。ハンガリーの共産主義の劣悪さ、実は共産主義など存在していないという事態、これには派手に目につくものなど何一つありません。それは全体主義社会でさえなく、せいぜい、混迷した独裁国家というのが精一杯のところでした。この旅行は、一種のジャーナリスト的経験で、それはこの本の中に感じ取れます。私は目に見える要素については、他の証言を利用しています。子供の頃からの友達で、南ロシアのある都市でまるまる一年、学生生活を送った女性がいまして、私は彼女に頼んで、その時のことを詳しく語ってもらいました。他にも、信頼のおける人から直接その目で見た観察を教えて貰いました。その人は、非常に魅惑的な話をいくつもしてくれました。例えば、ある日、KGB〔国家保安委員会〕の士官のテーブルの上に彼女の恋人に関する報告書が載っているのを見た、といった話です。しかし、最も重要な部分については、おそらくこれは私の受けた教育のせいでしょうが、社会というものは肉眼で見ただけで「見える」ものではないと、私は確信しています。飛行機に乗って、その国に行き、街を散策する、五つ星の一流ホテルから外出する、ということで、社会を目に見ることができるとは思いません。とくに歴史の動きの中にある社会は、目に見ることができません。私は非常に優秀なジャーナリストの息子で、父とは大いに議論しました。当時は父との関係は非常に近かったのです。父はヴェトナム、ビアフラ、エチオピア*など、いろいろなところに行き、非常に素晴らしいルポルタージュを書いています。しかしそれにも拘らず、私に言わせると、父は、歴史を理解することなく、地球をくまなく歩き回った人間ということになります。他にもそういう息子は大勢いるでしょうが、息子としての私は父との関連の中で、もちろん父の援助を得ながら、しかし父がすることに反対しながら、自己形成を行ったのです。要するに私にとって、歴史的現実は目に見えません。基本的に私にとって、本質的なものは別のところにあります。「目に見える」ものではないもの、統計上の変数を利用する必要があるのです。乳児死亡率は、目に見えません。まあぎりぎりのところ、優れた人口統計学者なら、街を歩く子供の数を観察して、正確ではないまでも、出生率についてある程度の了解を持つことが、ないとは言えませんが、自殺率は目に見えませんし、識字率も見えません。私はこれまでつねに自分を歴史家と定義して来ました。そして歴史家であるというのは、復元された社会モデルについて仕事をするということです。それは目に見えず、感覚的な経験を持ち得ないものです。

＊ ナイジェリア東南部。一九六七年七月、この地はビアフラ共和国として独立を宣言したが、ナイジェリア連邦軍の封鎖により、飢饉が起き、一九七〇年にビアフラは崩壊した。

——この本は、どのように迎えられましたか。

新聞と一般読者からは、好評を博しましたが、ソ連学者たちからは、否定的かつ皮肉たっぷりに、いささか軽蔑をこめて迎えられ、彼らはみな私を批判しました。アラン・ブザンソン＊から手紙を貰ったのを思い出します。彼はこの本を書いたことを誉めてくれました。そして手紙の末尾で、ソ連システムは変わることがないという真実を、いまや私のお陰で悟るに至ったと述べていました。どんな理由でそうなのかは、もう覚えていませんが。

＊　アラン・ブザンソン　Alain Besançon, 一九三二年生れ。歴史学者。社会科学高等研究院研究主任。共産主義とソ連研究の第一人者。和訳には、『ソヴィエト・シンドローム』（清水幾太郎訳、講談社）、『幽霊の解剖――ソヴィエト社会主義の政治経済学』（篠原義近訳、新評論）がある。

実は『最後の転落』は、大学で習ったことを真面目に受け止めた若い歴史研究者の作品です。私は歴史学で何を習ったか。私は、アナール派のル＝ロワ＝ラデュリ〔二一頁の註を参照〕の弟子です。当時、家族構造について行なっていた研究の成果は、『最後の転落』の中では直接使われていません。しかし私は、ローレンス・ストーン〔二三頁の註を参照〕の識字率の変遷についての研究に感銘を受けており、教育水準の測定に非常に注意を向けていました。だれも気づくことができなかったようですが、ソ連システムの崩壊を予言したモデルの種類は、私が最近、アラブ圏の革命について用いたモデルの種類と同じです。一九七五年頃、支配的な理論は、ホモ・ソヴィエティクス〔ソヴィエト的人間〕の理論で、これは体制によって作られた、これまでにない新しいもの、異なるものであり、もはや動くことはない、とされていたのです。しかし、歴史人口統計学の学徒として、識字率の上昇、出生率の低下、心性の変遷と、十七、十八世紀の西洋の諸革命との間の関連を研究した私は、ロシアも同じようにして変動すると考えたわけですが、それと同じように、ずっと後になって、私はアラブ圏が変動するのを目にしたというわけです。乳児死亡率は、退行的な動き、解体の動きを予告していたのです。

共産主義から脱けだすというのは良い考えだと、私は考えていたわけですから、この本は楽観論的な本です。私は、ホモ・ソヴィエティクスという観念を拒否し、出生率は低下していること、スターリンの下でそれは低下したこと、ロシア人は西側の人間のようになりつつあることを、示しました。アラブ圏革命についての考えも、これと全く同じものです。出生率が低下するということは、文化的差異を言い立てる言説〔ロシア人だから、イスラム教徒だから、等々〕が横行するにも拘らず、合理的な個人主義的見方の勢力伸長があり、やがてそれは政治的領域にも広がって来るに違いない、ということを意味するのです。要するに『最後の転落』の核心部には、極めて単純なもの、すなわち、いくつかの統計上の指標と、私が習い覚えた学問に対する紛れもない信頼、これがあるのです。『最後の転落』や『文明の接近』は、私が天才的であるということではなく、十七、十八世紀についてのフランスないしフランス・イギリスの歴史学派の基本的な結論は、有効であるということを、証明しているのです。わたしにとって『最後の転落』は、準科学的学問分野としてのあるタイプの歴史研究の有効性を証明する本なのです。

ソ連崩壊と北朝鮮・中国の未来

——あなたがこの本の中で展開した分析は、ソ連崩壊ののちにその正しさが立証されたと、感じていらっしゃいますか。

その点については、正直言って、私の明晰は止まりました。ソ連崩壊のところで止まったのです。ソ連システムの崩壊について語っていたとき、あのときに見られたようなロシア経済とソ連周縁部諸共和国の経済の分解のことは、全く念頭にありませんでした。一九九六—九七年には、ロシア社会は貨幣の通用停止の間際まで行きました。この経済解体の現象は、信じられないほどの苦しみを伴う社会の解体だったのです。このことは、私は全く予想していませんでした。私の考えでは、共産主義の後には、何かもっと穏当なものが来るはずだと考えていましたので、危機が、激烈な衰退が起こるという予想は全く持っていませんでした。いまではこうした私の誤りの原因を説明することができます。『最後の転落』の中には、心性の変遷という観念はあります。しかしこの心性の変遷は、何か合理的なものとして感じ取られていました。変遷する心性というのは、私にとっては、識字率でして、これは進歩であり、出生率の低下を招来するものであり、出生率の低下は、個人はより多くの合理性へと向かうものだ、ということを示唆するものです。この他にも『最後の転落』の中には、全く標準的な合理性に関わる変数がいくつかあります。経済に対して非常な注意が払われていること（中央集権的経済の不可能性、ソ連と人民民主主義国のサイズの違い）がそれです。ですから私は、経済的合理性がシステムに逆らって働くという仮説を立てているわけです。全体として『最後の転落』の中で用いられている変数の総体は、その中にいる人間が合理的である、そういう世界を定義しているのです。そのような世界というのは、実質的に極めて個人主義的な世界であり、そこには集団的な不合理、つまり社会というものが本来持っている宗教的・イデオロギー的原型については いかなる表象もありません。私は共産主義というものを、単に一つの独裁的・権威主義的システムと見ていました。それがとりわけほとんど宗教と言うべきもの、ロシアに、ソ連邦に、その凝集力を付与する集団的信仰である、ということが見えていませんでした。崩壊したのは、経済的組織様式ではなく、準宗教的秩序なのです。危機は、デュルケム的意味で社会的なもの、つまり諸個人が意味を喪失するという現象、「神は死んだ」を伴うものだったのです。私は、共産主義の崩壊が、住民全体を、宗教の喪失に直面した未曾有の狼狽状態に沈み込ませることになるとは、全く予想できませんでした。

ソ連邦が崩壊したとき、私はもう『最後の転落』のことを考えていませんでした。これの刊行後二年間は、ソ連の中で何がうまく行っていないかに多少注意を払っていましたが、その後、私は他のものについて研究するようになり、そうした他の研究が他の方向へと私を連れて行きました。八〇年代初頭、私は私の研究者としての生涯を定義することになるもの、すなわち、伝統的家族構造と政治的イデオロギーとの連合に、思い至りました。それこそが共産主義の起源を解く鍵でした。すなわち、ロシア共同体家族です。これはこれまでで最も濃密な共同体家族で、その炸裂が、代替反射によって共産主義を招来するのです。ですから、共産主義体制が崩壊したとき、私はロシアの危機と苦しみの規模の大きさを予想することはできませんでしたが、その代わり、共産主義の終焉は、ロシアを政権交替を伴う個人主義的民主主義国にすることはないだろうと、即座に直感しました。新たなシステムは、もちろん自由化されてはいるでしょうが、ロシア特有の全く特殊な経済的・政治的機構を作り出すことになるでしょう。しかしこれは一般的なケースです。民主化の形態は、それ以前の家族的価値観によって決まります。ドイツ、スウェーデン、日本といった直系家族の国には、特有の特殊な資本主義的民主主義が見られます。現在のロシアの政治・経済システムは、アングロサクソン型のシステムでも、日本型やドイツ型のシステムでも、フランス型のシステムでもありません。

——日本人は、北朝鮮と中国という共産主義国と対面して生きています。あなたは中国共産主義の崩壊は可能だと考えますか。

この件については、歴史の動き方について理解したと考えているところから出発して、お話しすることができます。現在、政治システムとしての朝鮮について語るとするなら、朝鮮の家族システムは共産主義には向いていないと考えます。それは非常に父系の強い直系システムです。おそらく北朝鮮では韓国におけるよりも少し直系型の強さが少ないと思われますが。このシステムは、中国もしくはロシアのモデルより日本モデルに近いものです。ですから、直系型で共産主義である北朝鮮は、変則もしくは異常なのです。逆に、北朝鮮の権力継承が直系家族の跡取り指名のメカニズムであることを認めるのにはいかなる困難もありません。北朝鮮と比較するのに好適なのは、東ドイツだったと言えるでしょう。しかし私の見るところ、北朝鮮は中国の傀儡ですから、北朝鮮について論じることは、すなわち中国について論じることに他なりません。そして中国に関しては、私は本当に懐疑に陥りました。もし展望を描こうとするなら、私はロシアと中国の伝統的な家族システムの間に存する微妙な差異について考えることになるでしょう。ロシア・システムは極めて共同体的なものでした。中国の家族システムは、これほど大家族にならず、昔の縦型の成分をより強く保存して来ました。中国の家族が具体的にどのように作動するかを見てみると、ロシアにおけるよりも権威主義的側面がはるかに強いものとして現われます。権威主義は、中国の政治文化により深く根ざしているのです。

中国共産党は、権力に留まっています。世界の労働価格を検討してみるなら、中国の現実離れした大量の輸出を通して、中国共産党は、自国の労働者の抑圧と同時に、いまや西洋の労働者の抑圧に参加している、と言うことさえできます。私の見るところ中国は、結局相変わらず共産主義の国です。ちなみに言うなら、私は、共産主義国は移行局面においてある程度の経済的成果を上げる能力がないなどと、これまでに言ったためしはありません。ロシアに関しては、一九四五年のロシアの勝利の理由の一つは、最良の戦車を製造したのはロシア人であったということであったことが、いささか忘れられています。要するにロシアは、ある局面においては、経済的に大したことを為し遂げたのです。相変わらず共産党が存在し、それでも歴史的・教育的にはロシアに対してかなり遅れている中国で、中間的な局面において経済的に大したことが為されるというのは、それほど私を驚かすことではありません。もちろん毛沢東主義の時代に較べれば、苛烈さははるかに少なくなっています。しかし現段階では、中国は私にとって、依然として一つの疑問、陰の地帯、歴史的懐疑の地帯で、その共産主義的資本主義モデルの生育可能性、民主主義になる能力について私が意見を表明するのは、時期尚早なのです。

マルクス主義の影響

――『最後の転落』執筆当時、あなたのマルクスに対する関係はいかなるものでしたか。そして現在では、いかなるものですか。

私がこの本を書いた当時、私にとってマルクス主義は二つの構成要素を持っていました。第一は、歴史の中における階級分析で、その要素は、有益で本質的なものと、私はこれまでつねに考えて来ました。階級の対立、階級と国家の関係、こういった種類のものは、『フランスにおける階級闘争』と『ルイ・ナポレオン・ボナパルトのブリュメール18日』〔ママ〕*というマルクスの古典的な歴史研究著作の中に見出されます。私が階級関係、寡頭制、等々を分析している『最後の転落』の中には、こうしたものの痕跡がおそらく感じ取れるでしょう。しかし『デモクラシー以後』の中にも、さらに一層、その痕跡が見出せます。『デモクラシー以後』を書く前に私が最初にしたことは、『フランスにおける階級闘争』を読み直すことでした。

＊『ルイ・ナポレオン・ボナパルトのブリュメール18日』正しくは『ルイ・ボナパルトのブリュメール18日』。周知の通り、第二共和国大統領に当選したルイ・ナポレオン・ボナパルトは、大統領の再選を禁止する憲法条文の改正を目ざして、一八五一年十二月二日にクーデタを敢行し、それから一年後に、国民投票での圧倒的支持を承けて皇帝となる。その際、自分の名前からルイ（父親から受け継いだ名）を削除して、伯父の名前のみを残し、ナポレオン三世を名乗ったのである。

ブリュメール18日とは、彼の伯父、ナポレオン・ボナパルトが一七九九年十一月九日（革命歴ブリュメール18日）に行ったクーデタのことで、このタイトルでマルクスは、甥の行ったクーデタを、伯父のクーデタになぞらえたわけだが、その際、ナポレオンの名を削除したのは、ナポレオンの後継者という観念そのものへの痛切な皮肉にほかならない。

それに対して、『最後の転落』を書いていた当時、マルクス主義の第二の要素、すなわちマルクス経済学は、私から見ると、神学でした。私は『資本論』を開き、価値をめぐる議論は、形而上学だと思いました。しかし『最後の転落』の時代をよく見てみなければなりません。たしかにその頃、西側はインフレの問題を抱え始めていました。あの本は、最初の二つのオイル・ショックの間に書かれたのです。しかし大ざっぱに言って、西側では戦後の経済状況の中で、マルクス主義がお笑い種になるような事態が生活実感となりました。労働者階級は豊かになり、プロレタリアートの貧困化、低劣なブルジョワジーによって虐待されるプロレタリアートの貧困化という思想全体が、当時、いかなる意味も持ちませんでした。

もちろん今日、マルクス主義の「階級現象の分析」という構成要素の方は、私は保持し続けています。しかし今やマルクス経済学に、と言うよりはむしろ、経済のマルクス的批判に、興味を持つようになっています。なぜなら、資本主義の近年の変遷は、われわれを十九世紀の資本主義へと、はるかに個人主義的で、はるかに獰猛で、生活水準の低下を伴う、あの資本主義に連れ戻しているからです。今日、利潤率に取り憑かれた人たち、資本の蓄積の虜となった人たちが再び姿を現しています。マルクスが考えたような人間が、再びわれわれに混じって生きているのです。そこで今や私は、ついに真剣に『資本論』を読む態勢になっています。ですから今や私は、疎外現象と経済的・心性的自己破壊の現象の分析のゆえに、マルクス主義に関心を寄せるのです。こうしたことすべてを考えるには、マルクス主義を参照しなければなりません。ですからマルクス主義はその前途に素晴らしい将来を持っていると、私は考えます。

最後に以下のように付け加えましょう。すなわち、私の生涯のすべての時期にわたって、マルクスという人物、マルクスが体現する思想家としての型、それに、全面的に己の作品の中にアンガジュマンを行いながら、大学等が要求する約束事からは全面的に自由であったそのあり方は、一種、実存的モデルであったのだと。

（聞き手＝イザベル・フランドロワ）

（二〇一二年五月四日／於・パリ）

4

ユーロ危機と「アラブの春」の行方

『アラブ革命はなぜ起きたか』

オランド当選の意味すること

——今回、あなたがエルヴェ・ル・ブラーズとの共著で一九八一年に刊行なさった本、『フランスの創出』* の増補改訂版が刊行されましたが、今日において、あなたはどのようにフランスを見ておられますか。特に、あなたがフランス社会の基本的価値と考えている平等という価値について、いかがでしょうか。

エルヴェ・ル・ブラーズと私が『フランスの創出』を再刊することを決めたのは、まさにフランスの国民的アイデンティティをめぐる一連の論争があったからです。この再刊は、この論争に対するささやかな貢献となり得ると思ったわけです。『フランスの創出』の中に見出されるのは、フランスの多様性の姿であり、この多様性によって、フランスの各地方の間に見られる、慣習、女性のステータス、遺産相続規則の極めて大きな差異を理解すること——これをどのように理解すべきかが、当時の私たちの問題設定でした——が可能になるのです。ブルターニュとプロヴァンスの間には、アイルランドとイタリア、もしくはスペインとドイツの間にある差異と同じくらい大きな差異があります。

＊　Hervé le Bras, Emmanuel Todd, *l'Invention de la France*, Gallimard, 2012.

この本が示そうとするのは、フランスとは普遍主義的な国であるという考え方の下には、一種、必要性ともいうべきものが覆い隠されていた、ということ、つまり、フランスという国は、紛れもなく現実に存在するそれらの差異の上に乗っかって、ただしそれには目をふさいで生きる能力を備えていなければ、機能することができないだろう、ということです。私が自分のモデルの中に平等の観念を付け加えたのは、後になってからです。平等主義が基本的であるという観念は、この本の中にはありません。

こうしてこの本を出したところ、幸いそれなりの売れ行きを見せましたが、しかし大統領選挙の間に交わされた論争にこの本が本当に加わったとは言えません。

表面的なレベルだけで言うなら、大統領選挙は、ニコラ・サルコジに賛成か反対かの国民投票だと言われました。しかしサルコジは、フランスという国について〔これまでとは〕根底的に異なる考え方をめぐる論争を、問題系の核心部に据えました。それは、右派の、極右の見方、差異主義的な、民族差別的な見方であり、フランスという国についての、イスラムを標的とする、エスニシティに基づく考え方に他なりません。そうである以上、大統領選挙は実質的に、フランスとは何かということを決める国民投票だと、私は考えたわけです。サルコジが勝利したなら、「フランスは本性を変え、宗教的伝統や、ある程度の肌の色の相違に根拠を置く、エスニシティに基づく国となったのだ」と言うことができたでしょう。フランソワ・オランドは、圧倒的大差ではないまでも、明瞭な差で勝利しましたが、この勝利は、フランスについての伝統的な考え方の勝利です。それにオランドは、彼の選挙運動の核心部に「平等」の語を置いていました。ですから事態は極めて明瞭なのです。選挙戦は、外国人に地方選挙の投票権を認める人物*をフランス人が選ぶという結果で終りました。現在われわれが置かれている経済的困難の時期にあって、この問題は主たるテーマではないにも拘らず、です。

＊ 今回の選挙戦で、地方選挙の投票権の問題が大きな争点となり、サルコジは外国人にそれを認めないとの態度を表明したが、オランドは認めるとの態度を表明した。

オランドは自分を「普通の」大統領と定義しました。「普通でない、異常な」大統領に対する、「普通で正常な」大統領というわけです。これを私流に暗号解読するなら、「正常なフランス」対「正常でないフランス」、普遍主義的・平等主義的な伝統的フランス 対 ドイツをモデルにしたもう一つのフランス、ということになります。

「ドレフュス事件」としてのサルコジ

――それでもサルコジは四八％の票を獲得しました。これは何を意味しますか。

そうですね、それは、フランスは単純な国ではない、ということを意味しています。もう少しで、アイデンティティの変更の側に行ってしまうところでした。しかし実のところ、歴史上の大きな選択は、特にフランスのような大きな総体については、つねにほんのちょっとしたことで決まるものだ、と思います。ヨーロッパの中の直系家族の地域において、これこれの地域がプロテスタントとなるかカトリックとなるかは、ほんのちょっとしたことで決まりました。

それにこのことは、フランスもやはり複雑な有機体であるということを、思い起こさせます。フランスはひたすら自由と平等の国である、というわけではありません。〔パリ盆地を中心とする〕フランス中央部は自由主義的・平等主義的ですが、この中央部はこれまでつねに、不平等主義的・権威主義的な諸傾向・諸勢力と闘う中で自己を確立しなければならなかったのです。フランスの全国システムは複合的です。私は左派の側、自由主義的・平等主義的フランスの側に立っていますが、実はこれとは対立する観念に固執する、もう一つのフランスが、これまでつねに存在し続けて来ました。ヴィシー[*1]のフランス、シャルル・モーラス[*2]のフランスです。フランスはまたドレフュス事件の国でもあります。これもまた髪の毛一本の差で決まりました。

＊1　第二次世界大戦中のドイツによる支配の下で成立した傀儡政府。フランス中部の保養地、ヴィシーを首都とし、対独協力派のペタン元帥を元首とした。
＊2　Charles Maurras, 1868-1952. 右翼の結社〈アクション・フランセーズ〉の指導者。

今回、われわれは知らぬうちに、何かドレフュス事件と同じものを再び体験したのだ、と言うこともできるでしょう。ドレフュス事件は、ユダヤ人に関する事件でしたが、今回は、イスラム教徒に対する事件です。ドレフュス事件は、政治的シオニズムの創始者であるヘルツル[*]は、オーストリアのユダヤ人でしたが、ドレフュス事件に動揺し、フランス人でさえもユダヤ人をこのような境遇に追い込むようなことを仕出かしかねないのならば、同化のようなことは何一つあり得ない、ユダヤ人のための特別な国を作る必要がある、という結論に達しました。つまり彼は、ドレフュス事件から反対の結論を引き出したのです。だれだったか思い出せませんが、中央ヨーロッパ系のユダヤ人出身のあるフランスの哲学者は、彼の父親はドレフュス事件の顛末を見て、「裁判をこういう風に再審理して、ユダヤ人の主張を認める国というのは、例外的な素晴らしい国だ、その国に移住しない手はない」と言った、という話をどこかで語っていました。私もどちらかと言うなら、こちらの方の線に沿っています。

＊ ヘルツル Herzl, Theodor, 1860-1904. ブダペストに生れ、ウィーンで自己形成を行なったユダヤ人ジャーナリスト。新聞記者としてドレフュス事件を取材した際、フランス人にも根強い反ユダヤ主義的偏見が残っていることに衝撃を受け、シオニズム運動を起こした。イスラエルの紙幣に肖像が描かれるほど、建国の父として尊崇されている。

フランスは正しい投票をした

——つまり、あなたのフランス観は、どちらかと言えば楽観的なわけですね。

私は非常に危惧していました。フランス経済はドイツの工業に蚕食されて、工業の空洞化に脅かされていますので、フランス経済に関しては、状況は破滅的であるわけです。しかし、この選挙結果は楽観主義の現実的な土台を私に与えてくれます。なぜなら、この選挙戦の間、マグレブ系の己を見失った少年が、ユダヤ系の学校でユダヤ系の子供たちを（ならびにアルジェリア系のフランス軍兵士をも）殺害するという、あのメラ事件[*1]が起こりました。まずそれがあったわけで、もしフランス人が事態を悪化させようと考えたなら、この事件という口実があったのです。またハラール[*2]の肉をめぐる論争もありました。地方選挙での投票権の問題系もありました。こうしたコンテクストの中で、それでもフランス人は正しい投票をしたのです。ですから楽観的になるのは当然です。

＊1　二〇一二年三月、トゥールーズとモントーバンにて、フランスのイスラム主義テロリスト、モハメッド・メラが、殺害事件を起こし、三月二十二日に警察によって射殺された。

＊2　イスラム法で許された項目のこと。実際上は主にイスラム法で摂取を許された食品を意味する。豚肉など、摂取を禁じられた食品は、ハラームと言う。今回の選挙戦で、極右政党、国民戦線の指導者は、ハラールの肉というテーマを好んで取り上げようとした。

ここでアイデンティティの問題等々をいささか歯に衣着せずはっきりと論じるために——フランスではそんな風に論じることは滅多にありませんが——、以下のように言い添えましょう。すなわち、たしかにフランス人は普遍主義的な国民であり、普遍的な人間の観念を持っていますが、それでも世界の現実との接触という問題に直面しています。人間は普遍的ですが、各国社会はそれぞれ異なります。普遍的人間に何が起こるか、異なる慣習を持つ諸国民との接触に入ったとき、普遍的人間はいかなる反応をみせるか、が問題なのです。

歴史の中でフランス人に実際上の問題を突きつけたのは、アラブ人とドイツ人という二つの民族です。ドイツ人は、フランス人に経済的な劣等感を抱かせます。アラブ人はフランス人に、効率性一般についての優越感を抱かせます。これを少し戯画化して表現してみるなら、次のように言うことができます。すなわち、今回の大統領選挙には、問題はアラブ人だと言う候補と、問題はドイツだと主張する候補がいた。そして勝ったのは、問題はドイツだと言っていた方である、と。

ヨーロッパ規模の保護主義的政策を

――私たちはヨーロッパ全体のことを考えざるを得ないわけですが、その点で、『ル・モンド』に載ったある論説の中で、ダニエル・コーエンやミシェル・アグリエッタといった、フランソワ・

オランドを支持する経済学者が、緊縮政策は危機から抜け出すための適正な道ではないと言っていました。オランドの立場については、どうお考えになりますか。

緊縮政策は危機から抜け出すための良い方法ではないというのは、言うまでもないことです。しかし、ダニエル・コーエンのような人たちの考えの背後にあるのは、景気刺激策を行っても他のゲームの規則に抵触せずに済ませることができるとする、古い社会主義的ないしアングロサクソン的姿勢だと、私は思います。しかし現実は、自由貿易体制にあっては、景気刺激策は採れないということです。なぜなら、もし景気刺激策を行う、つまり、システムの中に諸々の支払い手段を投入するなら、中国の輸出をさらに刺激することになり、その結果、産業拠点の国外移転を加速化することになるからです。それが、二〇〇七・〇八年の危機の後に実行された景気刺激策以降、起こったことです。緊縮政策を採らねばならぬ根本的な理由は、景気刺激策を行った、ということなのです。

自由貿易、給与の圧縮、等々に結びついた世界的景気後退の脅威があった。そこで景気刺激策を実行する。ケインズもどきの景気刺激策です。まず上から、とりわけ銀行への支払い手段に財政支援をします。それも紙幣の大量発行ではなく、国債の発行によって財政支援をするわけです。こうして国家レベルでの負債に立ち至ってしまいます。国家は、すでに金が有り余っている人たちからますます借金をするわけです。なぜなら負債というのは、借り手が借りるというだけではなく、貸し手が貸すということでもあるからです。これはすでに以前のシステムの欠陥の一つでした。それにこの景気刺激を行うと、輸入も振興することになり、産業の国外移転を加速化し、株価は上昇することになります。つまり、住民のための経済振興を伴わない狂乱的振興に至るのです。このようなコンテクストにおいては、緊縮政策は一定の合理性を持ちます。人々は、国債発行による景気刺激はもはや行うことができないと感じています。それは借金を増やすことであり、また、結局それによって振興されるのは、中国、インド、新興国の経済であるからです。

だからと言って、われわれの内需を圧縮するのは、まさにそれがヨーロッパを生産の後退に追い込んでいるのである以上、全くバカげています。これこそは、バカげた形態の保護主義と言うべきです。われわれの内需を圧縮して、中国からの輸入超過から身を守ろうというわけですが、これを私は、バカ者どもの保護主義と呼びます。

根本的な問題——型通りの社会党系経済学者たちはその点に気づこうとしませんが——

は、保護主義なしには景気振興策は行えないということです。私は今週の『シュピーゲル』でインタビューをしましたが、その中で私は、メルケルと対面するオランドの根本的問題を説明しています。ドイツに折れさせることは難しくありません。何も署名しなければいいのですから。現在、ドイツ式の緊縮政策がヨーロッパ全体を景気後退に引きずり込みつつあることは、あまりにも明白で、だれもが理解しています。ドイツは実質的に孤立しているのです。もしユーロが解体するとしたら、ドイツは万事休すでしょう。マルクへの復帰とは、ドイツ産業の破壊となるからです（マルクは上昇し、他の通貨は下落するでしょう）。

メルケルに対面するオランドの根本問題とは、彼はドイツに折れさせることができるけれど、なぜそれができるのか、彼は知らない、ということです。彼が獲得しなければならないのは、ヨーロッパ規模の保護主義的政策です。ところが彼が相手に要求すると考えられていること、つまりヨーロッパ規模の共同債発行による景気刺激策、等々は、うまく行きません。ですから、私は『シュピーゲル』でドイツの読者層に対して次のように言ったのです。交渉のテーブルには実は三人の人物が就く。メルケルとオランドと悪魔だ、と。この悪魔とは、現実のことですが。

自由貿易とユーロ——二つのゾンビ

——では、どのような解決策があるのでしょうか。

私の思うに、オランドとヨーロッパの問題は、ヨーロッパの経済振興策を実行すればゲームの規則に抵触せざるを得ないということを、人々が理解しつつあるということです。「ゾンビ・コンセプト」が二つあります。この語は、ドイツの社会学者、ウルリッヒ・ベック*から借用したものですが、彼はこの語を全く違うことのために用いていますので、私が行っている用法を知ったら、きっと激怒することでしょう。ゾンビとは、死んでいるが、生きていると信じられているものです。

* ウルリッヒ・ベック Ulrich Beck, 1944-2015. ミュンヘン大学出身。ミュンヘン大学、ロンドン・スクール・オヴ・エコノミクスの教授。『世界リスク社会論』(ちくま学芸文庫)、『世界リスク社会』(叢書・ウニベルシタス)、『ユーロ消滅?』(岩波書店) など、和訳も多数ある。

ヨーロッパ諸国の経済活動を組織しているゾンビ・コンセプトが二つあります。一つは自由貿易で、これは世界を、そして特に先進国を景気後退に引きずり込みます。もう一つはユーロで、これは機能していません。ユーロが機能しないのは、ヨーロッパの統一性を強化するものと考えられたユーロは、極めて異なる国々を単一の通貨地域に維持していますが、実際はドイツを全能にしているからです。ドイツは他に勝る効率性を持ち、給与を制御する能力を持っていますが、フランス人、イタリア人、スペイン人は、かつてのように通貨価格を下げて自国を保護することが、もはやできなくなっているのです。要するにユーロというのは、鶏小屋の中に狐を放り込んだようなものです。ドイツは、ヨーロッパ内の通商相手から桁外れの貿易黒字を引き出します。

ですから、この二つの要素をそのまま抱え込んでいたら、立ち行きません。二つとも抱え続けることはできませんので、自由貿易かユーロかいずれか一方を、厄介払いする必要があります。二つの可能性があります。ユーロを残すか。しかしそのためには、ヨーロッパ規模の保護主義を確立する、つまり、自由貿易と域外の給与の圧力の結果としてもたらされる緊張——これがヨーロッパ諸国を互いに対立させるわけです——を緩和することが必要です。この解決が成功する確率は一〇％です。ですから、ユーロは諦める、ということになります。

これについては、〔新興国との間では〕格差係数が一対二〇という極めて高い給与格差がありますから、自由貿易というものが給与に対する世界規模の圧力を産み出すということに、私は気づきましたが、しかし私が理解するのに厖大な時間がかかったことがあります。本当に理解したと言えないかも知れませんが、データを通して感じ取ったこと、それは、各国がグローバリゼーションに対応するそのやり方〔貿易収支のバランスをとる、産業システムの均衡を図る〕は、超先進国と新興国が相争うというものではなく、それぞれの発展水準と地理的近接性の範囲内で相争うという形をとる、ということなのです。

例えば、中国人が人民元を極めて低い水準に抑えているのは、ヨーロッパに対抗するための政策ではなく——中国人の現在の給与水準からすれば、ヨーロッパとの競争については何もする必要はありません——、実はタイやヴェトナムやインドネシア、ASEANに対抗して、日本やヨーロッパやアメリカの産業拠点の外国移転を迎え入れる競争に勝つためなのです。中国の戦略とは、ASEANに対する独占化の戦略です。これと同じことが、ヨーロッパでも起こっており、ドイツは中国に対する競争力を追求しておりません。ドイツが競争的ディスインフレを行い、給与を制御しても、中国人には実害を及ぼすことはありません。逆にスペインやイタリアやフランスの経済には、打撃となります。ですから、グローバリゼーションの全世界的メカニズムは、同質的な発展水準の空間や地域をばらばらに分裂させることになる、という逆説的な結果が生まれているのです。ですからヨーロッパでは、ユーロ圏が分裂するわけです。

なぜユーロ脱退は抵抗を受けるのか

——現在の状況において、ユーロからの脱却は可能でしょうか。

もちろん可能です。ただこれについては現在のところ、極めて不透明な雰囲気が漂っています。通商にまつわる問題は、だれもが理解しています。エナ*出身者を除いてですが。エナ出身者は、極めて高い知的自己形成をしていますので、非常に単純なことが理解できないような天空の高みにいるのです。フランスの労働者ならだれでも、中国もしくはルーマニアの給与の圧力、あるいは産業拠点の国外移転の話をすれば、すでによく分かっており、議論の中で、全世界の給与が圧縮されたら、総需要の下落が起こるという結果を、自分から予測することができます。労働組合の役員なら、だれでもそれを分かっています。

これらの問題は、エナ出身者を除いて、だれもが理解します。

＊ ENA 国立行政学院。高級官僚を養成するグランド・エコール。ここの出身者たちが、現在の政財官界を牛耳っている。

しかし通貨となると、話は別です。通貨というのは、神秘の宿る所なのです。金本位制の時代にもすでに神秘でした。何らかの貴金属によって保証される通貨というのも、黄金の子牛の神話、神秘主義に基づくものでした。しかし何の担保も持たない通貨、つまりある国の経済的健全さ、貿易収支、資本の実質的交換、こういったもので保証されるだけの通貨という段階に至って、通貨は、万人を恐怖に陥れる世界全体を覆うような神秘となったのですが、これはなかなか理解できません。人々は、自分の銀行口座に書かれた数字が蒸発してしまうという恐怖の中で暮らしています。人々は、強くて安定した通貨のみが何らかの価値を持つと考え、平価の切り下げが必要なこともあるということを理解しません。ですから、フランスのような国での世論調査を見てみると、人々は自由貿易には全く批判的です。フランス人の八〇%は保護主義に賛成です。しかし彼らの大多数は、ユーロから抜け出ることは望んでおりません。ある種の抵抗が働いています。しかしそれは彼らが理解していないからです。ユーロを構築した人たちは、自分たちが何を構築しているのか、理解していなかったのだ、とさえ考えたくなります。彼らは一種、全くバカげた機械を作り出したのです。

ですからこの神秘という要素があります。現在、ユーロから脱退するという考えに対する大きな抵抗があるのは、そのせいです。基礎的な経済分析が示しているのは、いまの状態は何やらバカげた事態だ、産業政策と発展の追求に取り組んでいなければならない各国政府が、逃げ去って行く通貨に対して、沈没する船の水を必死になって汲み出すようなことをしている、ということです。ヨーロッパのメンタルなエネルギーの一切が、何かうまく動かないあるものを保存することに捧げられています。この恐怖という要素があります。

現段階で、ユーロからの脱却は極めて可能です。保護主義に移らないのなら、ユーロからの脱退が妥当な手ということになるでしょう。どこかの国がユーロから抜けるなら、どんな脆さを抱えているにしても、抜けるや否や、現実の中に着陸することになるでしょう。ギリシアをめぐってこれら一切の論争が行われているのは、そのせいです。もちろんギリシアがユーロから抜けるなら、一年間は極めて厳しい状態が続くでしょう。しかしユーロはギリシアから消えてなくなるわけです。それは極めて込み入った事態になるでしょう。というのも、ギリシア人の中で裕福な者はみな、資産をドイツの銀行に入れているからです。

しかし、ひとたび外科手術が実行に移されるなら、本当に存在しているのは通貨ではなく、ギリシアなのだ、ということに気づくでしょう。ギリシア人が存在しているのです。そしてギリシア人は、軽蔑的な、人種主義的な言説が主張するところとは反対に、バカ者どもの反対物なのです。島嶼部には極めて興味深い家族システムがあります。彼らは大いなる海運の伝統も持っています（たしかに国家に対する関係は明解ではありませんし、税金の支払いは、彼らの得意とするところではありません）。要するに、ユーロから抜け出たら、一年は極めて厳しいことになるでしょうが、それ以降は、為替レートが極めて有利なものになり、その恩恵を受けて、彼らは再び生き始めるでしょう。

ギリシアがユーロから脱退した瞬間から、ユーロは一巻の終わりになります。ギリシアのユーロからの脱退は、現在において妥当な選択でしょう。しかし実はギリシア人はそうなることを恐れています。それは彼らが理解しないからです。フランス人は、それが神話の終わりとなることを予感して、そうなることを恐れています。そしてドイツ人はなおさらそれを恐れています。なぜならユーロが爆発したら、ドイツは、強すぎるマルクを抱えて、万事休すとなってしまいます。ですからユーロの問題というのは、貨幣の神話化の頂点なのです。全く異様な不合理性そのものに他なりません。

――いずれにせよ、ユーロから抜けることは、ヨーロッパ（EU）から抜けることではありません。

まさに昨日、私はそう述べたのです。フランス語圏スイスのラジオの討論番組で。ユーロが消え去っても、ヨーロッパ諸国は相変わらず存在し続けると。ユーロは、神秘神学でした。現代は一般的に、金銭の時代です。市場に結びついた金銭というものに、全く信じられないほどの効力を付与するのです。これがアングロサクソン流の金銭の神話化というものですが、これは最近の危機以降、粉々になりつつあります。ユーロというのも、別のやり方、つまり官僚制的なやり方での金銭の神話化です。それは国家によって押し付けられたものです。それもまた神話ですが、このヴェールははぎ取ることができます。それは本当に興味深いのですが、経済問題として興味深いわけではありません。哲学者、心理学者、精神科医が扱うべき問題なのです。私の論じ方が軽いことは、認めますよ。私は貯金がありませんのでね。

「アラブの春」は揺り戻してはいない

——あなたの楽観主義に話を戻しましょう。ただし今度はアラブ圏についてです。アラブ革命の後、イスラム主義政党が姿を現しています。アラブ圏について、民主化のプロセスが進行していると述べたとき、あなたはあまりに楽観的だったのではないでしょうか。

そんなことはありません。暴力的な、潜在的にはテロル的形態である「イスラム主義」と、穏健な意味での「イスラム政党」とを区別しなければなりません。極めて早い時期に、トルコの穏健イスラム教徒は、自分たちの党と、ドイツのキリスト教民主主義（政党）を比較し（て、宗教的政党という点では同じではないかと指摘し）ました。が、私はこれに非常に興味を持ちました。ところがこれは、トルコとドイツの間の相互行動（ドイツにはトルコ人が大勢いますから）の結果産み出された何か戦術的な事柄だと考えられたのです。この比較を行った者たちは、ドイツにおける支配的政党である、キリスト教民主主義の重要性を重視していたのです。ヨーロッパ建設の中心人物であるアンゲラ・メルケルが、キリスト教民主主義の政党のトップにいるという事実です。

普通選挙が始まった頃のヨーロッパの政治史にまで遡ってみると、正確に言って同じことが起こっています。イスラム諸国で革命を起こしたのはどんな勢力か、と言うと、自由主義者、自由を要求する者たちが、さまざまな動機や勢力が組み合わさったデモを行い、その結果、普通選挙を獲得しました。つまり、多様な傾向・勢力が意見表明をする可能性を獲得したわけです。そこで、かなり統合的なイスラム政党がイスラム主義を支配的傾向とする多数派として浮上して来ると、それを理由に、彼ら自由主義者たちはまんまと騙されて利用されたのだという気がすることにもなるわけです。

しかし、普通選挙が普及した一九〇〇年頃のヨーロッパにも、同じことが起きたのです。普通選挙は、自由主義者によって、つまりブルジョワ的、エリート主義的、等々の自由主義の形でものを考える人々によって推進されたのですが、オーストリア、ベルギー、オランダ南部、ドイツのカトリック部分全体では、キリスト教民主主義が、大幅な多数を獲得し、超支配的となり、要するに政治の舞台を横領したわけです。プロテスタント圏では事情は多少異なりましたが。こうした事態を目にして、自由主義者たちはどんなに落胆したことでしょう。

これは完全に古典的な現象です。当該地域の文化が核家族型のものではない場合、普通選挙によって顕在化されるのは、自由主義とは別のものです。しかしこの別のものも、やはり民主主義ではあるのです。キリスト教民主主義の歴史が示しているのは、これらの宗教的政党も、穏健性へと進化して行き、かなり急速に民主主義の安定化の要因となる、ということです。ですから、人々が期待を裏切られたと感じるのは分かりますが、ヨーロッパの観点からして本当に重要なのは、忍耐強く見守るということです。アラブ諸国に対しても、かつてわれわれ自身に対して忍耐したように、忍耐強く見守りましょう。

それに顕在化したことの一つとして、イスラム主義者と穏健イスラム教徒の間の対立が生まれた、ということがあります。これこそ、典型的に民主主義を可能にするような類いの事柄です。暴力的であり得るのは、ただ少数の人間だけです。本来的に暴力を内在させているような民族・国民など、存在しません。どんな住民集団においても、その文化、家族システム、価値観、等々がどんなものでも、人々は適正な条件の下で生きるために生きているのです。民主主義というものを問題にしてしまうのは、つねに少数派の暴力なのです。ですから私は、適正に楽観主義者であるのです。

(聞き手＝イザベル・フランドロワ)

(二〇一二年五月十六日／於・パリ)

5

人口動態から見るイスラム諸国の民主化

『文明の接近』

「文明の接近」の始まりなのか？

――あなたは『帝国以後』、そしてとりわけ『文明の接近――「イスラームvs西洋」の虚構』において、西洋諸国のイスラム脅威論に反して、出生率の低下や識字率の上昇を根拠に、イスラム圏で近代化が着実に進んでいることを指摘していました。まさに最近のチュニジアやエジプトの状況を予言していたかのようです。これは「文明の接近（ランデヴー）」の過程の始まりなのでしょうか。

「ランデヴー」というタイトルは、出版人が選んだものです。これは学術書であると同時に、闘争の書でもあります。優れた専門家であるユセフ・クルバージュ〔『文明の接近』の共著者〕のデータに立脚していますが、またイスラム恐怖症の蔓延を意識して書いた本でもあります。人口統計学というものは、アラブ社会は近代化し、識字化は出生率の低下とともに普遍的に進行するということを示すことで、人々の気持ちを鎮めることを可能にする、と考えたわけです。ですから「ランデヴー」の要素である、普遍的様相があります。しかし「ランデヴー」というのは、だれもが同じ場所に到達するということだとすると、それは決して完全に到達することのないランデヴーだと思います。

――実は日本語タイトルでは、「ランデヴー」の持つ「約束された出会い」あるいは「出会いの場所」の意味を取り入れず、単に「接近」とのみ訳しました。

「接近」という日本語訳の方が、より適切ですね。なぜなら私は、絶対的な収斂へと向かうことはないと考えるからです。唯一の型の社会に向かうことはないでしょう。まず第一に、絶対的収斂の不可能性について、論理的、演繹的、形而上学的な証明を行うことができます。すなわち、すべての人間社会が唯一の点へと収斂するためには、これらの人間社会のどれかがどこかで、人生というものの意味＝方向を発見したのでなくてはならないでしょう。それは不可能だと思われます。人生には複数の意味＝方向があり、人生は、心地よく、素晴らしいものですが、一つの意味＝方向があるわけではありません。無意味の中に意味があるのです。不合理なものと多様性があって、それが「無意味」的要素を司るわけです。

民主主義の普遍性と多様性

さて今度は経験的な面での話ですが、実際にすべての国が識字化し、出生率は低下するということは、断言できます。民主主義の進歩は普遍的だ、と述べることにはかなり賛成です。しかし、人々が到達した民主主義の形そのものは、すでにかなり違っています。アングロサクソン世界では、政権交替の民主主義が生来のものです。フランスでは、政権交替の民主主義には到達しましたが、すぐに到達したわけではありません。スウェーデン型、ドイツ型、日本型の民主主義は、むしろ全員一致的民主主義です（実際、国民は指導者たちに代表され、実際に選挙はありますが、システムの目的は政権交替の民主主義ではありません）。ロシアの民主主義もあります。共産主義からプーチンへの移行は、やはり民主主義への素晴らしい歩みに他なりません。中国は決して民主主義にならないだろう、と言うことさえ不可能でしょう。至るところに反抗があります。そして現在の中国システムを毛沢東のシステムと較べてみるなら、現在のシステムはそれだけでもう自由そのものです！　アラブ世界の革命は、アングロサクソン型なり日本型なりの民主主義を産み出すことにはならないでしょう。

人口統計学の領域を取り上げるなら、人口統計学的移行というのは普遍的です。どこでも死亡率の低下、出生率の低下があります。しかし実はすでに、到達された出生率のレベルは、同じではありません。フランス人の出生率は女性一人当たり子供二であるのに、ドイツ人は一・三です。アジアはどうかと言うと、私は昨年十二月に、京都の学者たちと大いに議論しましたが、東アジアの人口統計学者は、韓国であれ日本であれ、「極めて低い低い出生率」(very low low fertility)という概念を大いに用います。ところが、移行が非常に進んだインドネシアは、明らかに二の少し上に留まっています。人口動態においては、完全な収斂はないということが、すでに感じ取られているのです。

以上が経験的議論です。そして子供の生産について論ずるとなると、これは生命を作り出すことなのですから、人生の意味＝方向をめぐる議論に極めて近づくことになります。

チュニジアの状況——フランスの影響

——より具体的な話としては、今度は最初に革命が起こったのは、チュニジアでした。遠くから見ると、この国はアラブ諸国の中で比較的進んだ国です。

ええ、ユセフ・クルバージュと私の判断基準からすると、アラブ圏で最も先進的な国です。若者の間で識字化は普遍化していますし、出生率も、女性一人当たり子供二で、イスラム圏で最も低いわけではありませんが、アラブ圏では最低です。

――ではなぜまずチュニジアで革命が起こったのですか。そして次にエジプトで起こったのは、なぜですか。

チュニジアは、アラブ圏の中のフランス傾向の最も進んだ国です。モロッコ、アルジェリア、チュニジアのマグレブ三国は、アラブ圏にとっては周縁地域です。チュニジアは、かなり高い教育水準を持っていましたが、それでもアラブ圏の中で識字化が最も進んでいるのは、シリア、ヨルダン、それに占領以前のパレスチナです。ですからマグレブは、かなり遅れた周縁部であるわけです。モロッコの識字率は、非常に遅れています。しかしフランスとの関係があります。

フランスはアルジェリアをかなり長い間、植民地化しました。モロッコとチュニジアがフランスの保護領だったのは、非常に短い期間でしたが、しっかりと確立した繋がりがあります。フランス語が定着したのです。実に驚くべきことには、マグレブとフランスの間の文化的関わりは、脱植民地化以後になって本格的に始まったのです。だれも彼もが「これでお終いだ」と思っていた時に、実は始まっていたのです。

移民が流入し始め、フランス人はフランス国内へのイスラムの影響を心配しました。しかし重要な動きというのは、フランス文明がマグレブに及ぼした効果の方なのです。フランス文明それ自体は、別により優れたものであったわけではありません。しかしそれは最も進んだ世界を代表していました。それは人々の行動様式に莫大な影響を及ぼし、その結果、人口動態の領域で、マグレブがアラブ圏中心部に対して先行するという信じられない事態を作り出しました。エジプトは女性一人当たり子供二・九にようやく到達したばかりですが、モロッコとアルジェリアは、それが二・四です。ですからチュニジアの革命の原因は、まさに直接に政治的なものではなかったのです。もちろんフランス語の存在がありますが、別にフランスの愛国者を気取るつもりはありませんが、マグレブ諸国の中産階級は、完全にバイリンガルです。フランスとマグレブの関係は、問題含みだとされています。しかし現実には、それはまさに形作られつつある文化的共同体なのです。このことが政治的影響を及ぼしているのは確実ですし、人口動態的影響を及ぼしているのもまた確実です。

最初の大事件はチュニジア革命です。それは実は最初の好ましい大事件なのです。最初の大災害的大事件というのは、九一―九二年のアルジェリアのイスラム主義勢力の伸張と内戦でした。それが起こったのは、アルジェリアがより脆弱で、それに国としては歴史がそれほど古くなく、出生率もまた下がり始めていたからです。フランスと最も相互作用が強かったのはアルジェリアで、この国はヨーロッパ的近代性へのあまりにも急速な接近によって本当にかく乱されたのです。ですから特殊な事情があります。

チュニジア革命はというと、これはアメリカ合衆国に対するフランスの一大報復でもあるのです。アメリカ合衆国は、ブッシュの下で、中東を民主化すると宣言しました。航空機と戦車を送り込み、イラクを死体置場に変えてしまい、ありとあらゆる地方的独裁勢力を強化する結果になりました。これに対して、フランス人はチュニジアに何もしていません。ただフランス語とフランス流避妊技術のお陰で、フランスのソフトパワーは、アメリカのハードパワーより大きな影響をアラブ世界に及ぼしたわけです。

エジプトの状況

エジプトについては、少し違います。エジプトは、人口の多さではアラブ諸国のうちで群を抜いています。八〇〇〇万人というのは、アラブ圏では膨大な数です。しかし実は、人類学的な観点からすると、この国は典型的なアラブの国ではありません。上エジプトの家族構造を研究すると、父系原理が絶対的でないことが分かります。それに、とりわけ内婚のレベル、つまりイトコ同士の結婚のパーセンテージが、アラブ圏中心部の諸国では三五%前後であるのに対して、エジプトでは一九九〇年頃に二五%でした。一九九〇年以降はそれが一五%以下にまで落ちています。つまりエジプトは外婚制になりつつあるのです。家族制度の起源についての私の本〔『家族システムの起源』近刊予定〕の中には、それに対する説明が見出されます。つまりエジプトへの父系原則の導入は、極めて遅かったのです。この原則は、紀元前三千・二千年紀に中東で生まれました。もちろんこれはアラブ圏に浸透します。しかしアラブ人がエジプトを「征服」した時、エジプトの女性のステータスは、世界で最も高いものの一つでした。エジプト女性のステータスの高さと、メソポタミアの女性のステータスの低さの間の関係はほとんど敵対的なものでした。エジプトにイシス神信仰があるのはそのためです。エジプト人がキリスト教徒となった時、聖母マリアの役割が極めて重要と考えられました。もちろんそれは昔のことで、現在のエジプトは父系社会です。しかしそれはエジプト文化に深く浸透しているわけではないのです。ですからエジプトが最初に破裂したのは、当然なのです。

リビアの状況

――ではリビアはどうですか。

現在リビアで起こっていることは、劇的です。ヨーロッパ人はまたしても、恥ずべき振る舞いをして来たのです。カダフィの政権の真実とは、彼が石油収入によって政権を保っているということです。石油収入の国（リビア、サウディアラビア）では、国家は住民の手から逃れています。原則として国家というものはその財源を税から、つまり住民の活動の余剰を天引きすることで、手に入れます。ですから常に国家は住民に対して依存しているわけです。しかし産油国では、国家は住民を越えた上に存在することができます。金《かね》は外部からやって来ます。そうなると、完全に自律的な抑圧機関の存在の可能性が生ずるわけです。こうした抑圧機関が存在するのは、ヨーロッパが石油を輸入するお陰に他なりません。ですから、カダフィが蜂起した民衆を粉砕するのに対して、手をこまねいているというのは、卑劣この上ないことなのです。

リビアにおいて興味深いのは、人口統計学的パラメーターを見てみると、出生率が女性一人当たり子供二・七であるという点です。これは本当に中間的です。〔受胎調節の〕普及効果では、リビアはチュニジアとエジプトの間に来るわけですから、住民は人口動態的には近代化していることが分かります。

サウディアラビアでは、住民の近代化の度合いは大分下です。今後どうなるか分かりませんが、自前で戦車、航空機、傭兵を買い取ることができるがゆえに、住民に対して自衛することのできる国家がこのまま存続するおそれがあります。これらの地域には、部族と傭兵雇用の混交が見られます。サダム・フセインの政権も、そのようにして支配していたのです。

（聞き手＝石崎晴己）

（二〇一一年三月十五日／於・パリ）

6

〈対談〉東日本大震災の被災地を巡って

――復興を支える家族と地域社会――

エマニュエル・トッド＋三神万里子

〈東北〉の特異性

トッド 私はこれまでつねに、東北地方の存在というものを意識して来ました。私は日本については、家族システムの歴史しか知りませんが、その観点からして〈東北〉は、まったく特殊な地域となっていました。いまフランスで出版されている私の最近の本〔『家族システムの起源』〕のなかにも、日本北東部の家族の特異性の分析があります〔「解説」一八九頁参照〕。ところがその〈東北〉に地震と津波が襲って来たのです。つまり研究者としての関心の上に、きっともう一つ別のものが加わったのです。理性を超えた、もしかしたら国民感情のようなものが。

ですからこの企画には、知識人としての関心と日本に対する愛情とが交ざりあったものに突き動かされて、参加することになったのだと思います。それに、日本という極度に発達した社会、おそらく世界で最も現代的な社会の一つが、破局的な自然災害と放射能危機とにどのように対処することができるのかを、全般的に目の当たりにすることには、ほんとうに興味があります。

この点で私が驚き、なおさら興味を集中させたことの一つとして、〈東北〉で津波が起こったために、世界中で自動車の生産ラインがストップした、ということがありました。日本のなかでも特異で遅れた地方とされて来た〈東北〉で、ですよ。この辺りの秘密を解明するのも興味深いことです。

三神　復興の絵図は経済的な切り口から語られることが多いのですが、あくまで担い手は人間です。生れ、成長し、子供を育て、親を介護してといった、各人の人生の営みと、会社を支える労働や技術の質、それに融資する金融が整合する必要があります。私は以前より、家族構造を起点に世界経済や社会システムを論じるトッドさんの仕事に敬意を抱いて来ましたが、まさに今回のような、巨大かつ複合的な災害に関しては、人類学的方法で日本の今後を洞察するのが適切ではないかと考えました。危機が勃発したとき、普段は表面に現れない深層が姿を現すものですから。

トッド　この旅は、私にとっては容易な経験ではありませんでした。旅のプログラム、どこに行って、だれに話を聞くか、こうしたすべては三神さんが設えてくれたもので、私は観察者の立場にいたわけです。景観と言うか、景観のなかで生き残っているものを通して、人々の顔や表情を通して、何かを見抜こうと試みていたのです。こういう旅にはまったく慣れていません。ジャーナリストではないもので。

三神　今回の旅は、岩手県の大槌町から被災三県の太平洋岸を南下しましたが、実は、青森市から出発しました。この災害はエネルギー問題と不可分ですので、どこを回るべきか、事前に東北電力の元幹部の方にうかがうと、「ねぶたで地元の人と一緒に跳ねて、東北の人間の精神に同化しないとインタビューなどできないですよ」と言われたからです。後でお話ししますが、地域を守り復興する力は、普段の祭や消防団を担う青年団の共同性がどの程度強いかに比例します。

ただし、青森ねぶた祭は祭の行列の中心を大企業グループが担っています。まず東北電力の社員が踊り、日本原燃を含む関連企業が続く。同じように東芝、パナソニック、富士通、ＪＡＬ……。私も行列の中で一緒に跳ねましたが、企業グループ間の序列のみならず、組織内序列がそのまま表れていると感じました。

私は列を内から観察し、トッドさんは、列の外で観察しました。この種の催しには、社会的・文化的要素が凝縮しています。私たちは、祭を通して人々とお会いし、時にはお酒

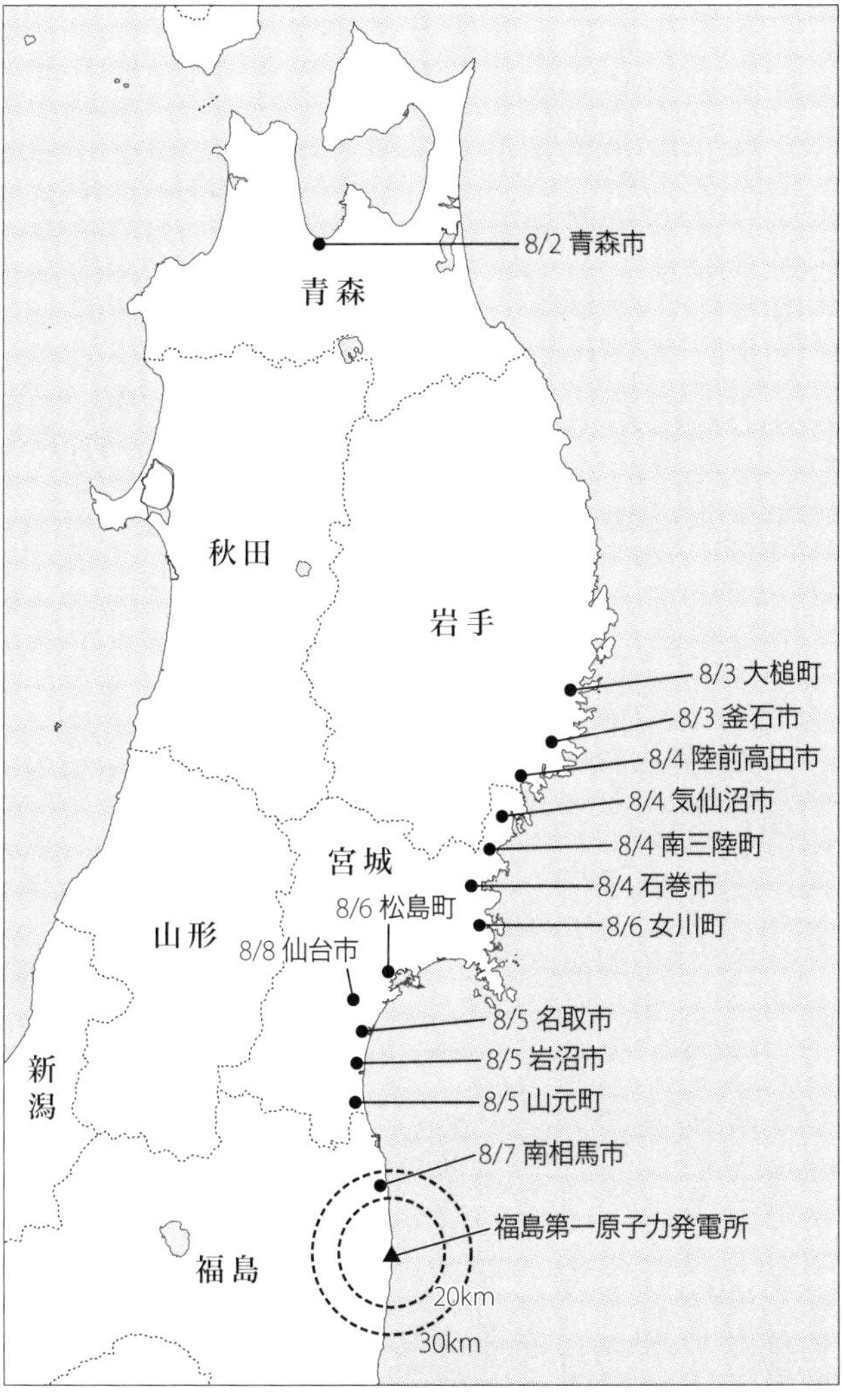

調査で訪れた地（2011.8.2–8.8）

を飲みながら、あれこれ話を交わしました。これが青森に適用した方法でした。

それから私たちは釜石へ行き、市の職員と話をし、次いで、完全に壊滅してしまった陸前高田を訪れ、気仙沼まで南下し、水産加工関係の人々と接触、仙台を中継点としながら南三陸、女川、石巻、宮城県南部の、名取、岩沼、山元町を訪れました。この一帯は、最も被害が大きかったのですが、あまり日本のメディアには取り上げられていないのです。そこでは、土木作業にあたる人々や中小企業、仮設住宅に住む人々や農家と接触し、それから南相馬まで南下しました。放射能汚染地帯の境界にあたり、福島原発からほぼ二五キロのところです。南相馬では避難所を訪れ、ボランティアスタッフ、酪農農家や商店街の人たちにもお会いしました。

トッド 外からやって来た者からすると、何やら良いものから悪いものへの、天国から地獄への降下という印象があります。次のところに行くたびに、一段下の段階に到達するという印象。何もなかった地域から始めて、完全にやられてしまった地域へ、そして最後は、南相馬という特異な不安に曝された地帯に至った、というわけです。こういう降下と、もう一つ、日本社会の深層への降下という要素もありました。

つまり、南へと進むにつれて、ますます民衆階層の人々と、これまで私が知らなかった人々と、対面するようになった、という印象を抱きました。全体として私は、人々が私に対して親切で寛容であることに、ほんとうに驚きました。私は日本語を話さないヨーロッパ人の観察者で、写真を撮っているだけでしたが、被災者住宅の人も含めて、驚くほど親切で寛容でした。

ある程度以上の社会的水準の人とは、三神さんを通して、多少は会話に加わり、質問をすることもできましたが、ある水準より下の場合は、まったく不可能でした。南に進めば進むほど、言葉が役に立たない、顔の表情がものを言う、そういう状況にますます入っていきました。それは実に奇妙な体験でした。

南に降下し、民衆階層へと降りていくにつれて、日本文化の形式主義はかすれていき、人々を言葉で理解することが少なくなり、人々の顔の表情には、フランス人のような感じが出て来ました。秩序の崩壊と理解が不可能という方向に進めば進むほど、人々の見た目は親しみのあるものとなっていったのです。ある床屋さんの奥さんなど、南フランス〔ミディ〕の女性を思わせた、と言わずにはいられません。

訪れた土地での人々の印象

三神 青森はいわば「幸せ」のモデルです。企業が祭を支え、家族ぐるみで参加している。そこから、企業城下町の釜石を経て女川の原発、そして南相馬。物的な破壊というより、ホットスポットがいつどこで見つかるか分からない、死んでも生きてもいないような破壊のされ方に行きつきました。

南相馬の避難所に行ったときは、正直なところ、私はその場を逃げ出したくなりました。そこには、ボランティアスタッフと、外にでられないお年寄りがいました。仮設住宅があった女川も、トッドさんにとって衝撃的だったのではないでしょうか。

トッド 全域で衝撃を受けましたが、南相馬はほんとうに衝撃でした。避難所では、不安が漂っており、日本社会に典型的な人々とはまったく思えませんでした。日本どころか、フランスまで通り越して、先へ行ってしまったのです。南相馬の床屋の奥さんの話をしましたね。気さくでほんとうに愉快な、南フランスの女性のような感じのする。しかしまた、女川だったかもしれませんが、三神さんがインタビューした漁民の様子は、私から見ると、微笑みを絶やさない日本人ではなく、猜疑心の強いノルマンディの農民のような様子でした。

二つのことがあります。人々はますます、フランス語の意味での「ナチュラル」になっていきますが、南相馬の被災者では、別の方向へ行ってしまったのです。それはフランスにはないものです。

三神　釜石では、再生しうるであろう人々の精神的秩序が残っていて、破壊行為にでる集団主義と再生しようとする集団主義の両方が地域によって出ていました。女川では、その秩序を、原発を持っている東北電力の力によって支えていましたが、――厳密には、人々は疑念を自らの意思で抑えていました。そして南相馬は、不明瞭さが点在しすぎて、誰にもどうにもできなくなっていました。

トッド　さきほど三神さんが、日本社会のメタファーとしてのねぶた祭について見事なレポートをしてくれました。まずその話をまとめていただいて、それから私は、〈東北〉の家族システムの特殊な点と、日本社会の特徴であるグループ主義がどうして〈東北〉では極端な形をとるのか、について述べることができると思います。

2011年8月7日、南相馬市にて（撮影＝エマニュエル・トッド）

三神　大企業の人々は、支店のトップから一般社員の家族まで跳ねます。そして、グループ企業の末端ほど、行列の後ろに並びます。跳ねているときは、自分の立ち位置から先頭までの距離が分かり、周囲に自分の子供がいるという状況です。家族を支えるために後何年この組織やグループの中で生きていくのか、無意識に立ち位置を理解する。電力、メーカー、系列、家族、全員が同じリズムで同じ衣装で同じ振り付けで踊るのです。

トッドさんも含め、フランス人の目には、まるで羊の群のように見えるかもしれませんが、この集団のかたちは、魚群に近いのではと思います。リーダーははっきりしないが、防御的・制御的に全体が動く。個々にある程度意思決定しながら、影響し合って同じ動きをする。ねぶたでは、子供たちがかけ声を上げます。子供の頃から生活や行事の様々な場面で、こうした秩序、共同体に同化していくのです。

トッド　いやいや、私も羊のメタファーは採りませんね。羊のメタファーというのは、フランス人には、従属のメタファーです。十六世紀のラブレーに、パニュルジュの羊*という有名な言葉があります。フランス人は個人主義者ですが、羊になることがある、というわけです。三神さんが採用した魚群のメタファーは、納得がいきます。

＊ **パニュルジュの羊** 無批判に他人に追随する者を意味する。パニュルジュは、フランス・ルネサンスの代表的文人、フランソワ・ラブレーの『パンタグリュエル』の登場人物。その第四巻には、パニュルジュが商人から羊を買おうとしたところ、相手は彼を嘲笑してそれを断った。そこでパニュルジュは、他の者からようやく買い受けた羊を海に投げ込んだ。すると件の商人の羊がみなそのあとを追って海に飛び込み、最後の羊を押し止めようとした商人も、海に引きずり込まれた、とある。

私にとって問題は、私が〈東北〉で目にしたものは、〈東北〉に典型的なことなのか、日本に典型的なことなのか、ということです。フランスに比べて、グループ主義の概念は、きわめて強いけれども、ほんとうのリーダーはいない、そういう集団性というのは、フランス人の観点からすれば、おそらく日本社会全体について了承し得る、妥当な社会学的概念です。

しかし、あの場に展開したグループ主義について三神さんが描写した姿は、〈東北〉の家族の特殊性によって、特に適切に説明がつくでしょう。人口学者や歴史研究者、そして速水教授学派の分析によると、南西日本——実は関東までがこれに含まれます——の家族と、〈東北〉の家族の間には、古典的な区別があります。南西日本の家族は、直系家族と呼ばれる、単一跡取り〔遺産相続者〕を伴うシステムです。跡取りが長子か末子かという重要な違いがありますが、要するに単線的システムです。つまり弟たちは家を出てしまうわけで、単線的な単純さがあるわけです。

〈東北〉の家族は、男性長子相続の日本的家族の一般構造原則に基づいています。ときとして、長子が女子のときは女子が跡取りとなる、そういう村もありますが。しかし、家族がはるかに大きいのです。そして拡大が横方向に行なわれます。つまり兄弟間の関係がはるかに重要なのです。弟が結婚しても、しばらく兄と同居することが、しばしば起こります。そしてこの兄弟協調主義的なシステムは、奇妙なことに、兄弟間のきわめて強い序列システムと、そして父親が早期に隠居する慣習と組み合わさっています。〈東北〉の家族では、兄弟集団がより重要という印象を抱きますが、ただ兄弟間はひじょうに序列化されています。そしてもちろん、そういったもの一切は、より大きな家族を定義し、そのことはより巨大なグループという観念と対応するのです。

ですから、つねに家族とイデオロギー、と言うより、社会集団の行動様式と家族構造を結びつける私のモデルに基づくなら、グループ主義の観念は、〈東北〉における方が、〈東北〉以外の日本におけるより強いということを、私としては容易に認めることができるわけです。

家族構造の分析から、〈東北〉におけるグループについて予言することができるのは、グループはより巨大で、より序列的で、同時により横型で、しかもまた奇妙なことに、より柔軟であるだろう、ということです。そうしたことは、魚群のイメージにまことにうまく照応します。

三神　一般に東北の人は我慢強いと言われますが、被災後、「自分は一番悲惨な人と比べてどのくらい無事なのか」という全体の中での序列把握がまずあり、反射的に「文句を言ってはいけない、もっとひどい人がいるから」という判断が働きました。同様に、被災地同士でもご指摘のように序列的で横型でもある支援の広がりがありました。たとえば、役場ごと流された大槌町では、初期の段階で仙台市にある国の部門が現場の判断で職員を送り被害を確認、東北経済連合会に必要な物資のリストを伝え、翌日には四トントラックが何台も着きました。その後は隣の釜石が引き継いでいます。

それと、親の早い引退というご指摘に関連して、被災への反応や農漁業の再建方法について、六十歳を境に意思決定の仕方が違うといくつもの場所で聞きました。

危機に直面した社会はどのように対応することができるか

トッド ただちに言うことができるのは、この旅行の教訓の一つとは、六十歳以上の人を、いまや私が「リスク」として見ているということです。それは高齢化する社会にとってきわめて興味深いコンセプトです。私が観察することができたリスクのある行動の例には、二種類あります。一つは、あらゆる種類の六十歳以上の人には、津波の経験がある、津波がどこで止まるか分かっている、と考えて、津波がやって来るのを観察するために安全な場所に陣取っていたつもりが、流されてしまった、そういう人がいたということです。

もう一つは、放射能の危険に対して身を処すやり方が、年齢によって異なるということです。六十歳以上の人では、核の危険はひどく相対化されてしまいます。これまで生きて来たのだし、放射能の蓄積量は大したことはない、というわけで、核の危険から逃れようとする恐怖の態度は、明らかに異なります。若い人は、圧倒的に逃げ出すことを考えます。ですから、知恵もあり、経験もある、といった高齢者のお定まりの考え方《ステロタイプ》がある以上、高齢化社会で高齢者というのは一つの問題である、と私は思ったわけです。

三神　六十歳以上の人は、避難をうながされても「昔の津波で、ここは大丈夫だと知っている」と逃げない。あるいは、津波の壁が目前まで迫ったら、「もう逃げても無駄だから仲間と死のう」と後ろ向きの集団主義で家に引き返す。気仙沼で取材したある方の家は、一階がすべて流されましたが、八十代のお父様はどうしても津波を以前見た場所で見たいと川に向かって走り出し、ぎりぎりで助かったそうです。

他方、釜石市は、主要産業の製鉄が収縮し続けてきたため、規模は小さくとも高利益率体質の経済に変えようと産業構造の転換を図ってきた市です。その転換を担ってきたのは、地元で学校の成績が優秀だった長男・長女の人たち。私がお話をうかがった方は、男性は五十六歳で先日に結婚、女性が四十七歳で独身でした。エリートとして家と地域に義務を果たしてきたが、津波で親も家も失ったと。しかしこの地に居続けると。地方都市では親の老後を支えることが大前提で、地域秩序の中心にある役所や大企業に勤める、あるいは家業を継いで土地を守ることがセットになっているのです。

トッド　この旅行で興味があったのは、世界の一様化の理論であるグローバリゼーションの世界、適応し、外に開かれなければならないという必要、こうしたものの中で、人々はどう生きているのか、そして外から襲って来た危機に直面した社会は、どのように対応することができるのか、こうした点でした。今回は自然からの攻撃でしたが、経済的な攻撃も想像することができます。そこで日本の場合について、特に〈東北〉の場合は特にはっきりと、だれもが感じたことは、二重の動きと言うべきものでした。

例えば、釜石のあの男性と女性です。とても気さくで、私はたくさん写真を撮りましたが、あの人たちが日本人的ではないと先ほど言ったのは、非常にリラックスした様子で、いろいろな約束事、しきたりと言ったものから解放されていた、という意味からです。彼らはお喋りをし、冗談を言い、それほど苦境にあるとは感じていませんでした。南下するにつれて、人々がますますフランス人のようになって来ると言いましたが、そうした外見を越えて、日本と〈東北〉の場合に何が起こったらしいのか、と言うと、社会が一つの危機、外からの衝撃に見舞われた時、最初の反射的反応は、よい反応であるということ、すなわち、己の伝統、己の根本的な文化の中から、対処するための力を探し出して来る、ということなのです。

新たな作動様式の実験をしなければならないのは、危機に直面した時ではありません。核の問題は別として、日本の再建がひじょうに巧く行ったということになるとしたら、それは、日本文化に典型的な、〈東北〉の文化に典型的な力や行動形式から出発して、事が進められることによってでしょう。そして、グループ主義というもの、現在地球上で支配的なイデオロギーの名において、反個人主義、等々と批判されるかも知れないグループ主義というものは、やはり何といっても、日本が持ち合わせた幸運な可能性であるということを、最後にはだれもが納得することになるでしょう。

今回、この地域を縦断し、本当にたくさんの人と会って、驚いたのは、いささかも外国人嫌悪の反応を感じたことはないということです。そしてもし、再建の力の源は民族的文化の中にあるというのがほんとうなら、力の源を自分自身の中に探し求めることとなりますが、それはいささかも、外国への敵意という要素を含意するものではありません。実際に私は、私に対して敵意の反応を見せた人は、ただの一人も思い出しません。私は外国人でしたが、親切さにしか出会いませんでした。

三神　トッドさんは、フランスのサルコジ大統領を辛辣に批判しておられますが、仮設仮住宅から出てきたお年寄りが、「サルコジさんの国からいらしたんですね」と（笑）。

トッド 仮設住宅で、ストレスの溜まる状況にいながら、ひじょうに親切だった老人の顔は、いまでも思い出します。人間への信頼を抱かせられる、そうした瞬間でした。

三神 地域の伝統から力を引き出すという話では、青年団活動が活発な地区では、津波が来ていなければ、自動的に他地域のお年寄りの安否確認などを、誰が言い出すでもなく組織的にやっていました。津波被災地域でも助け合いに留まらず、過去の津波被害を調べて、市の復興計画に代案を出すところまでいくのです。青年団が不活発だと、ずっとケンカをしているか、役所の文句を言っているか、となってしまいます。

被災して家族が欠落した後、地域が家族を代替するように機能したかどうかは、その地域の経済力にも大卒比率にも拠らないのです。釜石の場合は、「鉄の結束」がありました。同じく製鉄所がある北九州市との「兄弟のつながり」で、瓦礫の分別の技術提供をする市職員がたくさん来ていました。産業や地域が担う擬似的な家族、兄弟関係が顔を出すのです。

トッド 研究者としての限りで、九州には家族システムの特殊性があるかどうか、検証してみましょう。九州の家族システムについては、私は速水先生とは衝突しています。〈東北〉と九州は、二つの周縁部をなすわけですから、関連があることは考えられます。三神さんが、通常は競争関係にある企業同士の協力について語ったことの中で、私の心を打ったのは、日本には、市場の規則が適用されており、競争が存在する――それが日本の力の一つであることは間違いありませんが――けれども、それはゲームであり、申し合わせ・しきたりであって、全面的・絶対的な信仰ではない、という印象を持つという点です。そして危機の状況では、そうしたものの一段上にある諸価値が表現され、互いに競争する企業が、突然、競争相手であることをやめ、助け合おうとする、そうした局面があるのです。経済生活に二つのレベルがあるのです。普段は形式的な競争のレベル、しかし深刻な問題が生じると、連帯のレベルに移行します。それは事実上、国民的連帯であるわけです。このことはフランス人には特に驚きです。フランスでは、同一の企業の中で人々が協力するということさえ、時としてなかなか実現しないのですから。

三神　宮城県山元町の岩機ダイカスト工業の例が典型的だったように思います。主要工場を津波で流されたのにひとつも欠品を出しませんでした。競合他社に金型を渡して、

「うちの代わりに作ってください」と頼んだのです。金型はノウハウが詰まっていますから、これを渡すというのはあり得ない話です。しかし、それによって世界に対しサプライチェーンを死守しました。類例は多数あります。競争しているのに、危機になると日本人は同族化するのです。

日本の秩序性と核をめぐる非合理性

トッド　とはいえ言っておきたいのは、フランス人は、このような劇的な状況においてーーフランスの歴史の中にも、こういう状況はありましたーー場合によっては連帯的な形で行動することができる、ということです。ただ一つ、それが系統的ではなく、こうした状況で何をやるか分からない、最善も最悪もどちらもあり得る、というのが問題です。

第一次世界大戦の勝利の理由は、ドイツ人を筆頭に、だれもが意外に思ったように、フランス人がそういう行動ができたことなのです。フランスの謎とは、時にはフランス人は連帯的な集団的行動をすることができるけれども、それがいつなのか予見できない、ということなのです。

この災害の結果への全体的な対処の仕方に対するフランス人としての見方について、一言言っておく必要があります。もちろん私にとって、この旅は心理的にとても辛いものでした。完全に津波に流された町や、石巻のように、家屋の骨組みは残していても、数万の死者を出した町を目の当たりにすることは。私はジャーナリストではありませんので、こういうことに慣れておらず、ほんとうに具合が悪くなりました。

これが日本の経済にとって何を意味するか、については、福島原発のことは別として、津波の被害だけを問題とするなら、日本経済のような経済にとって、これは何でもない、ということは、ここに来る前から私には明白でした。日本の工業力・技術力は、ひじょうに強大です。日本では海岸部がきわめて重要であるとしても、今回の災害は一部の海岸部だけを襲ったのであり、その背後には日本の巨大な工業の全体の厚みが控えています。日本経済の基本的問題は、生産力の不足ではなく、過大な生産能力であって、そのため国外市場を探し求めなければならない、ということです。

ですから、初めは、何をどうすべきかよく考えなければならないため、迷いが生じるということ多少の問題があるとしても、やがて問題はクリアされ、万事が問題なく再建されるというのは、私から見れば明らかでした。現地に行って、フランス人の目に、そうした力を象徴していると映るのは、至るところにパワーシャベルがある、コマツやその他の、全く新品のパワーシャベルが、青と黄色の新種の昆虫のように、至るところに姿を見せていることです。背後には仙台という巨大な都市があり、そこにはもう何の痕跡もありませんでした。

その次元で考えるなら、実に逆説的で、心理的には辛いけれども、この件は私にとって疑問符を付けるようなことでは決してありませんでした。「津波は日本にとって致命的だ」という言説があちこちでなされましたが、私はそんな言説には全く与しませんでした。それに、工業もすでに再開したことは、確認されています。家屋を再建するにはもう少し時間がかかるでしょうが、日本のような国にとっては、何でもありません。

その点は、いささかアメリカ合衆国とは対照的です。ハリケーン・カタリーナがニューオーリンズを襲った時は、アメリカ合衆国は強大な工業力も必要な技術者ももはや持っていませんでしたので、時間がかかるだろうということは、あらかじめ分かっていました。日本の場合は、技術的にも、そんなことにはなりません。福島原発のことは別にしてです

「秩序づけられていく」瓦礫の山
2011年8月3日、釜石市にて（撮影＝エマニュエル・トッド）

が。完全にやられたところには、瓦礫、スクラップ、自動車などの山ができています。壊滅状態という感じがします。しかし、そこにもすでにある種の秩序が感じられました。絶対的な不幸の感情と、万事が整理整頓されているという感じとの対照は、唖然とするほどでした。

三神　他方、女川町では日本の秩序性が、閉じた世界の部分最適を盲信させてしまう危険を感じました。女川原発は高台にあったから無傷だったと言われます。しかし、現地で全貌を見るとさほど高い場所にない。原発までの道も大型の重機が通れるものは損壊し、私たちが通った道もひび割れていました。原発自体の管理が完璧だったとしても、何かあった場合の外部からの大規模なアクセス、さらに町の外に逃げる大規模ルートが十分でない。

トッド　全くその通りです。女川では、核に対しては理性に反するという日本の問題点の一つに触れることになります。福島も、核に対して理性に反していたわけですが、何しろ事故が起こったのですから、そのことは明白です。ただそれについては、研究の主題としてでなく、いくつもの疑いを含む微妙な差異を尊重するやり方で、考えてみる必要があります。

寸断されていた女川原発に続く道路
2011年8月6日、女川町にて（撮影＝エマニュエル・トッド）

日本は完璧な国で、完璧に秩序立ち、万事がうまく行っている国ですが、核の問題に取り組むとなると、理性に反し、論理に反し、効率性に反することが、出て来ます。人から聞いた話ですが、福島原発への交通路も、やはりあまり良くなかったということです。ですから、日本人が己の製造物すべてにこめている完璧性、知性は、原発の総体には届いていなかったという印象があります。もっとも福島は、古い型の原発ではありますが。

全く異常なのは、日本はロボットの国なのに、フランスと違って、原発に用いられるロボットを持っていなかったことです。今朝分かったことですが、実はロボットは製造されていたのに、事故以前の東電が、日本の民間核利用は完璧に安全だとの考えで、ロボットを設備に配備するのを拒否したというのです。女川は被災地帯ではありません。しかしこのような核をめぐる非合理性の一環をなしています。

このような態度を分析するのには、小児性の概念がおそらく有効でしょう。核の軍事利用は、それ自体は危険ではありませんが、日本人はこれを拒否しています。これについては、アメリカに依存しており、それゆえに小児的な態度に身を置いているわけです。おそらく、こうした小児的態度は、核に関する事柄の全体に蔓延していたのでしょう。そして、原発を建設する権利を持っていたものですから、そのままの態度で原子力の平和利用が進められたのではないでしょうか。これらの問題については、小児性の概念こそ、検討すべきでしょう。

三神　私たちが〈東北〉を旅した期間は、この地方では至るところで祭が行われていました。東北全体では何万という量の、そして南相馬でも、無数の花火が打ち上げられました。この時期は広島と長崎への原爆投下日にも当たるという事実を、だれも気に留めませんでした。

トッド　これももう一つの理性に反する記憶喪失の例ですね。

南相馬は日本の外にいるよう

三神　南相馬市では、独特の恐怖感を覚えました。「ここは日本ではない」という感覚です。住民は事故直後、本当に危険なのはどこか分からないまま、避難場所をたらい回しにされました。「若い人に迷惑がかかるから」と自殺する高齢者も出たようです。日本の社会システムが回らなくなった場合の未来を見るようでした。

トッド　まさにその通りで、私は日本の外にいるような印象を抱きました。

三神　南相馬を訪れて、核に対する見解を変えたと、トッドさんはおっしゃっていましたね。

トッド　ええ。しかし、三神さんがインタビューした際に、三神さんにこのような違和感を覚えさせた人たちについて、もう一言述べさせて下さい。実は、そういう人は、被災者ではなく、むしろボランティアの人たちでした。私たちが二度ほど会ったボランティアの集団は、私は日本語を話しませんが、それでも私に違和感を与えました。彼らは日本社会から逸脱した者たちであるように、私には見えました。これは一つの直観にすぎません。しかし、まるで彼らは日本社会を逃れているかのようで、自分の動機については真実を述べませんでした。被災者対策センターは、実に旧式でした。

三神　ボランティアの方は、無職や派遣社員、仕事が激減したという建設業の経営者――今の日本社会で安定的に仕事を得ることが難しくなってしまった人々が、自分にできることを探して集まってきたと語りました。避難所に残っているのも六十歳以上が大半で、光熱費も食費も払えない。だから仮設住宅に移らないといいますが、被災者でない人がまぎれているように私の目には映りました。海には津波で流れた家や船が浮かんだままで、目の前を、それさえ気にしていないカップルが散歩している奇妙な光景がある。

トッド　日本社会というのは、きわめて同質的で、ひじょうに組織されています。一方で現在、この南相馬という地域があり、それほど放射能で汚染されているわけではありませんが、どこが汚染されているか正確に分かっていません。間もなく汚染の中心部に立入り禁止区域が設定され、その区域を中心として、それほど危険でないが、安全が確定していない区域が指定されることになるでしょう。

もし社会学的未来予測を試みるなら、日本にとってのリスクの一つとは、社会にしっかりと統合されている人々が逃げ出してしまうこの区域が、社会に対する周辺性の地帯となってしまうことではないでしょうか。また、このような性格のはっきりしない地帯が存在するということは、社会的にも技術的にも、日本を脅かす挑戦なのではないか。

日本社会の理想は同質性であるわけですが、ひじょうに長いレンジでの未来予測を行なうなら、百年後には、コントロールの利かない少数派的ミニ社会のようなものがいくつも出来てしまうと考えることもできます。放射能の疑いが残る地帯をコントロールしに行きたいと思う人はいないでしょう。まあこれは、SFにすぎませんが。私の理解するところでは、日本社会の基本的価値は、完璧性と予見可能性、そして確実性です。ところが微弱な放射能という環境が作り出すのは、不完全と不確実性です。ですから、それ自体が日本的価値の反対物のような地域が出来るわけです。

床屋とその奥さんが、手っ取り早く金を稼ぎにやって来た人の話をしましたね。三神さん、その話をしてくれませんか。

三神　現地の方によると、九州から若い、二十代後半くらいの男性が数多く来ているようです。子どもニ人を九州に置いてその子たちを養うために、車で寝泊まりして、被曝を覚悟しながら、原発の瓦礫撤去の作業をしているような人々がいる。

トッド　フランスにおいてだったら、社会から脱落した貧困者たちが、一つの階級として集まるということになったかもしれません。フランスには階級闘争の歴史がありますから。ただ、日本社会には、家系を重んじる伝統、ステータスの世襲という問題がありますので、日本にとっての独特のリスクの一つは、それが反抗する階級を生み出すのではなく、長い歴史的期間にわたって烙印を押されたカースト、すでに日本社会の歴史の中に存在したことのあるような不可触賤民《パリア》の新たな集団を生み出すかもしれない、ということです。

しかしこれは全く仮定の話でして、SFです。フランスでは、真面目さが欠如しているために、こうしたことから護られています。だれそれがどこの出身かなどということは、知りませんし、覚えてもいません。ステータスの世襲の観念は、フランスではまことに薄弱です。フランスでは、私が著名な家族の出身であることを、私はいつも弁解しなければなりません。日本では、私がポール・ニザンの孫息子であるのは素晴らしいことだ、となります。

日本の危機の実相とは

三神　全体として、この旅の間、私たちは、日本の社会構造と日本人の性質が数多く姿を現すのを目にしました。日本は福島原発事故以降、近い将来に向けて、どのような道を進むべきなのか、何かお考えになったことはありますか。

トッド　正直言って、この旅は私にとって、日本についての研究の始まりです。現段階では解答を出すことはできません。研究を続けていくことはできるでしょう。当面は、むしろ私自身とフランスのための教訓を引き出した、ということです。

三神　西欧知識人は、多くが中国に目を向けていると思いますが、西欧先進国にとって、似て非なる日本のケースを研究するアプローチもありえるのではないでしょうか。

トッド　それこそまさに私がしていることです。それこそまさに、私が日本について研究し始めた理由の一つです。中国とインドのテイクオフは、たいへん結構なことです。しかし私にとって、世界危機とグローバリゼーションの核心とは、最先進諸国の社会の危機です。私はすでに、アメリカ合衆国の危機について研究しました。また、アメリカ合衆国と同様に、自分の国フランスも厳しく扱うことができることを、証明しました。イギリスは生活水準の低下を経験し、暴動も起こりました。ドイツも、別の形で危機にあります。日本は、私の言う最前線の国の一つであるという優位を持っています。日本は危機にある、停滞に陥っている、とだれもが言います。しかし日本の危機の実相とは、日本が危機に入ったのは、世界の最先進国の仲間入りをした時、未来はどのようなものになるかを確定しなければならなくなった時なのだ、ということなのです。日本の停滞という観念など、私は信じたことは一度もありません。日本は、「失われた十年」の後でも、世界の特許の三〇％を保有しているのですよ。私の日本研究はまだ緒についたばかりですが、今回の経験は、本当にこの仕事の端緒となるでしょう。

私はこの座談会の始めに、私の注意を今回の津波に引きつけたのは、世界中で自動車の生産ラインがストップしてしまったことだ、と言いました。それから三神さんは、岩機ダイカストの社長をインタビューしましたが、この会社も、生産プロセスの中間的部品を製造しており、ドイツに輸出しています。

今朝、フランス大使ならびにシャネル・グループの代表とお話をした時、私は自分が予感し始めていたいくつかのことを確認してくれるようお願いしました。それは、グローバリゼーションの現状に対する日本の基本的適応の一つは、ブランドを掲げた目に見える製品を製造することよりも、あらゆる生産に不可欠な中間的要素を技術的に最先端のものとして生産することである、ということです。

だれもが、日本はもうダメだ、と言います。しかし、現実は、世界はこれまでになく日本の技術に依存しているということだ、と私は思います。例えば、今朝、韓国の原発があるアラブの国に売られたことを知りましたが、この原発の有用な技術的な部分は東芝が製造しているとのことです。ですから、日本は技術的に先端的・先進的な部品を製造し、組立ては他の国に任せるという傾向は、ますます強まっていきます。〈東北〉の危機のおかげで、私はこういった事柄の探求の途に就いたのです。〈東北〉の危機は、日本のきわめて精緻な沈黙の戦略を、はしなくも露呈してくれたわけです。釜石でも同様です。製鉄に特化した釜石でも。

（二〇一一年九月八日／於・東京）

対談を終えて

ジャーナリスト　三神万里子

青森県から福島県の原発二五キロ圏に南下する被災地への訪問は、震災から約四カ月後に実施した。七月の余震が復旧途中であった構造物を無慈悲にも再び破壊し、工事にあたる人々の心が折れそうになっていた頃合である。邦人ですら国外退避を試みる者がいる中で、日本行きの旅客機にトッド氏は乗って下さった。

この訪問は、自然発生的に、あるいは偶然の重なりが必然に近づき実現した。トッド氏とのご縁は、氏の著作『世界の多様性』に衝撃を受けた筆者が読売新聞に書評を執筆したことに始まる。これを見た藤原書店がNHKでのトッド氏との対談に筆者を推して下さり、以来、パリ訪問を皮切りに、折に触れトッド氏には議論の機会をいただくようになった。

大国の歴史的転換を幾多と的中させてきたがゆえに、トッド氏の洞察はその都度、顕在化した事象に絡む知識階層に嵐のような議論を巻き起こすが、むしろ筆者が畏怖し崇拝に近い念を抱き続けているのは、氏が一貫して適用し続けるボトムアップ型の独自の思考プロセスである。世界の動勢を、学術分野上の区分である政治学や経済学といった理論体系からではなく、人間の根本的な動機と態度の帰結として捉え、人間が構成する最小単位の組織体である家族構造分析から導き上げる。日頃より日本人は、後発先進国として西洋型の社会システムに添う努力をしつつも、自己認識としては違和感を持ち続け、企業経営や人事制度、融資制度、社会構造と個人を繋ぐすべてに日本特有の擬似家族的な緩衝材を組み込んできた。この特異性を微力ながら調査執筆の主題に置いてきた筆者にとって、解がひとりの知識人の頭脳に凝縮されている直感を得たときは本を持つ手の震えが止まらなかった。

地球規模で各国の統計を駆使したトッド氏の家族構造研究は、震災の少し前に、さらに強化され集大成となる著作として新たにフランスで出版された『家族システムの起源』。この中で日本、ひいては東北地方の家族構造の特殊性が言及されていた。一方で筆者は東京を拠点にしてはいるものの、軸足は徐々に日本の地方都市の土着性ごとに、海外の諸事例と比較しながら活性化の道を探り、地方都市財界と、国を含む政策主体を中心に個別に情報提供する手法に移っていた。故に震災四年前から、仙台市にて東北振興を主眼とした経済番組の企画設立に経営層から打診を受け番組進行役の任にあった。産官学、市民との接点が横断的に出来た矢先に震災は起き、直後から地元視点の復興策に趣旨を移し被災地を回り始めていた。

原発事故を伴うこの度の震災は、インフラとその上に乗る物的な構造体のみならず、経済活動のシステム、地域住民の集合体と家族構造、個人の人生設計を破壊した。被災地に放り出され規格化された仮設住宅や避難先に分断された個々人の観察なしに、あるいは現地で必要な職務を淡々とこなす人々の観察なしに、生命力を再び導き出す復興の解など得られまい。トッド氏の思考回路はもともと、夥しい質量の統計データから導かれたものであるが、人類学のより原始的な研究手法であるフィールドワークを行えば、統計の基礎となる破壊された現実を情報として補完しうる。被災地に赴くことはトッド氏にとって初めてのフィールドワークを意味し、議論を重ねる中、計画と案内役を筆者が担い同行することとなった。

ごく普通の人々を観察するには、対象を刺激しかねないトッド氏の著名性は隠す必要があった。訪問先の抽出と情報収集には地元のタクシー会社や電力会社、商工会議所、役所や訪問先の企業等、各種組織に事前に相談を仰ぐ必要があり彼らには知らせたが、メディア等への連絡は避けた。余震が続き粉塵の舞う沿岸部の移動は、筆者が信頼を置く元自衛隊レンジャー部隊の運転手の協力を得つつ、本数の限られたローカル線を乗り継いだ。

トッド氏が対談で語る日本人の姿は、このような緊張状態での長時間の移動に耐えながらも、柔和かつ繊細な態度と、日本人に対する敬意をトッド氏が維持したことにより、自然な形で引き出されたものである。挙げればきりがないが、仮設住宅の中でも目を覆わんばかりに貧しいバラックでは、トッド氏は砂利に直接座し、筆者と話す漁師を、自らの気配を消すかのように一定の距離から静かに観察した。縁の下で高い線量が計測された酪農農家では、途方に暮れて窓をことさら全開にする老いた女性の仕草に礼節の残りを見逃さず、彼女をとても美しいとさえ語った。六十代以上の者だけが残った避難所では、屋外に設置された喫煙所テントの数十メートル前で歩みを止めた。これ以上外国人の自分が侵入するのは失礼であるとの直感であったが、これは安全上と、実態を引き出す目的の双方で適切であった。内部では、正気を保っていない老人と、歯の溶けた暴力的な熟年女性、衛生感覚を失い、肌を顕にした高齢男性たちが煙をくゆらせながら暇つぶしの獲物を待っていた。対談の中で指摘のある、天国から地獄への降下、日本社会の深層への降下とは、手を差し伸べられる人間関係を持たないがゆえに傷が癒えず、膿のようになった人間の溜まり場から、仮死状態の街、貧富の両極に位置するまったく異なる仮設住宅の人々、ヒビだらけの敷地でも受注を増やした工場の内部まで観察した上での言なのである。

改めて、時間を割いてくださった氏と、ご協力下さった方々に感謝の意を表したい。

〈補〉トッドの新著『シャルリーとはだれか？』（二〇一五年刊）をめぐって

石崎晴己

本年（二〇一五年）初頭一月七日に起こった『シャルリー・エブド』襲撃事件は、フランス中を戦慄させ、全世界を震撼させたが、これに対して、一月十一日に、パリを始めフランス全土で、事件の犠牲者を追悼し、テロに抗議する大デモが行なわれ、その参加者は、内務省発表によれば、全国で三七〇万人に達し、パリでは一六〇万人を越えた。パリの行進の先頭には、オランド大統領を初めフランス政府・言論界の代表的人物や、ドイツのメルケル首相、イギリスのキャメロン首相などヨーロッパ主要国首脳、そしてイスラエルのネタニヤフ首相、トルコ首相、パレスチナ自治政府大統領、ロシア外相などの姿があった。デモ参加者は、テロで殺害された『シャルリー・エブド』の編集者・執筆者たちへの連帯と『シャルリー・エブド』への支持を表明するために、「私はシャルリーだ（Je suis Charlie）」という標語を掲げた。

シャルリー Charlie とは、英語の「チャーリー」に相当し、アメリカの漫画『ピーナッツ』の主人公チャーリー・ブラウン（スヌーピーの飼い主）からとったとされているが、チャップリンのファースト・ネームでもある。この標語は、テロ攻撃直後から、犠牲者との連帯を表現するこの文言がネット上で爆発的に広まったのを継承したものである。

周知のように、『シャルリー・エブド』は、以前からイスラムの預言者ムハンマドを揶揄する漫画を掲載していたが、イスラム教は偶像崇拝を排する宗教であり、イスラム教の創始者という聖なる存在を画像として提示すること自体、ムスリムにとっては耐えられない冒瀆であり、いわんやそれが揶揄と嘲笑の的として描かれる（ムハンマドを、同性愛者として、あるいは裸体で描くものもあった）のは、二重三重にイスラム教への侮辱であった。このためムスリムから激しい抗議を受け、提訴され、あるいは火炎瓶が同社に投げ込まれるなどの事件が、これまでにも繰り返し起こっていた。

「表現の自由」、特に宗教に対する風刺の自由は、十八世紀の啓蒙主義からフランス大革命、さらに第三共和国での世俗主義の確立を経て、フランス国民が勝ち取った掛け替えのない権利であり、『シャルリー・エブド』にとっては、それらの攻撃は、表現の自由に対する「弾圧」ということになり、「弾圧」に対して毅然として闘う姿勢を貫き通して来たことになる。

同時多発テロの際、アメリカは、ネオコン主導のブッシュ・ジュニア政権下で、報復・懲罰が追求され、アフガニスタン侵攻、さらにはイラク戦争にまで突き進んだ。フランスは、「私はシャルリー」を掲げて街頭に出た、人口の五％をはるかに超える市民のデモによって、これに応えたわけである。

まことに感動的にも見えるこのフランスの全員一致的な国民的意志の表示に対して、エマニュエル・トッドが、批判的な留保をとっていることは、むしろ日本の読者層の方が承知しているのではなかろうか。というのも、早くもデモの翌日、一月十二日に、トッドは『読売新聞』(一月十二日)のインタビューに答えて、「ムハンマドを愚弄し続ける『シャルリー・エブド』のやり方」が、フランス社会の中で恵まれない弱者の立場にいる移民二、三世のささやかな心の拠り所を踏みにじるものだ、と主張しているからである。

併せて彼は、経済の長期低迷による失業率の上昇のしわ寄せが特に移民二、三世に行くという経済的・社会的問題、移民の文化（これは主にイスラム教を意味するはずだ）そのものを邪悪と非難する「文化人」たちの言説が、移民二、三世の「生きる意味」を奪い、犯罪に手を染めて刑務所に送られる者が増加する、という事情、さらに、移民二、三世の多い大都市郊外での反ユダヤ主義の蔓延についても指摘しつつ、フランスでは自分の考えを表明すると「袋だたきに遭うだろう」から、インタビューに応じていない、との驚くべき告白をしているのである。

同じく、二月十九日の『朝日新聞』でのインタビューでは、「表現の自由、風刺の自由」は絶対的」であるとしつつ、一方で、「シャルリーを批判する権利」「イスラム嫌いのくだらん新聞だと、軽蔑する権利」も認められねばならないが、それを口にすると、「フランス人ではない」と言われることになる、と語っている。「私はシャルリーだ」が「私はフランス人だ」と同義になっており、「シャルリー」を自称しなければ、言わば「非国民」扱いされるという風潮が窺われる。

このようにフランスで意見表明を避けて来たトッドは、あたかも沈黙を破るかのように、本年五月に *Qui est Charlie ? Sociologie d'une crise religieuse.*〔『シャルリーとはだれか？ 宗教的危機の社会学』〕と題する本をスイユ社（Editions du Seuil）より上梓した。短期間で一気に書き上げられた比較的短い本で、基本的には論争的小冊子《パンフレット》の性格が濃い。

冒頭、序説において、これまでに日本の新聞のインタビューで述べられて来た主張が、明解に整理された形で提示される。すなわち、「私はシャルリーだ」とのスローガンを掲げたデモと、その前後にメディアに溢れた論調とが、あきるほど繰り返しているのは、要するに「フランス人たる者、（宗教を）冒瀆する権利があるだけではなく、義務がある」（一三頁）との命題である。しかし、十八世紀以来、カトリック教に対して冒瀆の権利を行使して来たのは、フランスの輝かしい伝統であるとしても、それはあくまでも己自身の宗教への批判であって、それを他者の宗教への冒瀆と混同してはならない。この伝統の創始者的人物である啓蒙思想家ヴォルテールは、他者の宗教の冒瀆に走ることはなかった。いわんや、イスラム教は、フランス国内での被支配的集団の宗教であり、ムハンマドはその宗教の創始者で神聖不可侵な存在であり、彼に対する「反復的・系統的な冒瀆は、民族的ないし人種的な宗教的憎悪への教唆・煽動」（一五頁）に他ならないとして、トッドは戦前の反ユダヤ主義的風刺画を喚起する。

ところが大統領オランドは、大デモを組織することで、社会的に疎外されて精神的に追いつめられた若者の卑劣な犯行にすぎないものに「イデオロギー的意味を付与して」犯人を「栄光化する（「悪の否定的神聖化」）リスクを冒した」、とした上で、トッドは、「シャルリーとは、詐欺師かも知れない」（二一一頁）との不気味な疑問を発するのである。

これ以降、本書に展開するトッドの分析と推論は、トッドの年来のテーマであり、最近作『不均衡という病』で十全に精緻化された「二つのフランス」論に依拠している。すなわち、パリ盆地を中心とするフランス中央部の平等主義核家族地帯とカトリック教の信仰が最近まで活発であったフランス周縁部の直系家族地帯の対比であるが、これについては、「解説 2」を参照して戴きたい。前者は、十八世紀以来、脱キリスト教化が進み、啓蒙主義、フランス大革命、第三共和国による世俗性（教会の支配の排除）に基づく共和制の確立を担った、言わばフランスの歴史の主たる推進者であったが、不平等原則を産出する後者は、反革命、反共和国、反ドレフュス主義、ヴィシー政権の支持基盤を提供し続けて来た、とトッドは言う。ところが一九六〇年頃から、この地帯でも脱キリスト教化が進み、カトリック信仰が崩壊したが、カトリック信仰が植え付けて来た心性・生活習慣の総体（勤勉、秩序への従順）は、そのあとにも残り、「保護層」として作用し続けている。これをトッドは「ゾンビ・カトリック教」という驚くべき名で呼ぶ（「解説 2」を参照）。

一方、世俗主義・平等主義の中央部では、共産主義が「保護層」として機能していたが、これはフランス共産党の急激な転落（一九八一年とされる）ののちに崩壊し、中央部は、共産主義を信奉していたことへの恥の意識とともに、あらゆる肯定的な志向の喪失によって、宗教的空虚に陥り、一種の鬱状態が蔓延することになる。「宗教的空虚」とは、『デモクラシー以後』以来、トッドが重視する概念であるが、ここでは、共産主義という近代イデオロギーの崩壊のあとに宗教的空虚が現れるのである。近代イデオロギーの持つ、代替宗教としての側面が、こうして遡及的に確認されることになる。

ところで、そもそも平等の価値を内包している共産主義の党は、かつてフランスの平等主義的中央部を地盤としており、その意味で、政党とその地盤には幸せな合致が存在したわけであるが、もう一つの左派政党、社会党は、そもそも不平等主義的な周縁部の脱キリスト教化の中から勢力を拡大した政党であり、意識的レベルではフランス共和国の平等原則を掲げるものの、無意識的レベルでは、不平等と権威という価値にとらわれている。その最大の証拠の一つが、彼らが従来より移民政策として掲げている「差異への権利」という概念である、とトッドは分析する。

ここから、「シャルリー」デモに結集した、社会党を中心とする政治勢力を、彼は「新共和主義」と呼ぶ。要約的に言えば、「新共和主義」とは、フランス共和制の発展の歴史を担った「共和主義」の伝統に棹さすものではなく、これまで「共和国」に頑強に反対し続けた地域の人間が、今や「共和国と世俗性への執着を熱烈に主張している」(八四頁)、言わば口先だけの「共和主義」ということになる。「シャルリー」の欺瞞性の所以に他ならない。

本書は、「私はシャルリーだ」と名乗る人間たち(すなわち「シャルリー」)は、実は何者なのかを解明しようとするものだが、デモ参加者の地域的分析から、トッドは、「シャルリー」には、大都市郊外の若者や地方の労働者という民衆階級の者は含まれず、デモの全員一致性は虚構であることを暴き出しつつ、「シャルリー」集団の社会的構成を、MAZという略号で示そうとする。すなわち、中産諸階級 classes Moyennes 高齢者 personnes Agées ゾンビ・カトリック catholiques

Zombiesの略称である。これを裏返しにすれば、民衆諸階層、若者、平等原則地帯の世俗主義者ということになる。社会党が主導する勢力としては、労働者を始めとする民衆階層が不在なのは、驚くべきことであろう。こうして「シャルリー」＝「新共和主義」＝MAZという等式が成立する。今日のフランスを牛耳るヘゲモニー・ブロックたるこの連合を、彼は「大衆的寡頭制」とさえ呼ぶのである。

このブロックは、その本来の不平等主義から発する差異主義によって、イスラムへの敵意を抱いており、それがそもそも『シャルリー・エブド』の低劣な戯画によって代表されていたわけだが、フランスにおいてイスラム教とは、被支配集団の宗教であり、こうして支配集団の敵意によって疎外された被支配集団の中には、反ユダヤ主義が蔓延する。この循環こそが、フランス社会の抱える最重要問題であることを、トッドは、近年起こった、子供を含む無辜のユダヤ人の殺害の例を挙げて力説する。

国際的ないしヨーロッパ的次元で考えると、このブロックは、マーストリヒト条約への賛成票の社会的内実に他ならず、つまりは、共和国の堅持ではなく、新ヨーロッパ秩序の中に共和国を解消することに賛成したブロックである。このことを強調するところから浮上するのは、「売国」のイメージではなかろうか。さらにトッドは、ユーロという単一通貨は、カトリック教の衰退によって要請された代替信仰（「ユーロもしくは黄金の子牛と呼ぶことのできる通貨偶像」五四頁）であるとさえ言い切るのである。要するに、ＥＵもユーロも、不平等主義的な心性のゾンビ・カトリックが、失われた信仰の代替物として信仰し、推進するものに他ならず、そうしてみると、ゾンビ・カトリックが平等主義的中央部の支配権を握るフランスの支配構造は、ドイツという不平等主義的中核部が、平等主義的周縁部（フランス、イタリア、スペイン等）の制御権を握っているヨーロッパ全体の支配構造と、奇妙な相似をなしている、ということになろう。

「結論」において、新共和主義の支配する「新共和制は、独立した国民システムではなく、多数の国からなる複合的システムの一断片にすぎない」（二三五頁）という文に「ヴィシーのように」の句を付け加えるとき、トッドが喚起しているのは、ナチス・ドイツに制圧されたヨーロッパの中で、ドイツに従属したヴィシー・フランスの姿である。だとすると、トッドがゾンビ・カトリックの理想型と定義して、口を極めて侮蔑している（「塵芥として生まれ、再び塵芥になるであろう」五六頁）オランド大統領は、あたかも、ナチス・ドイツへの従属を選択したペタン元帥の再来であるかのようではないか。最近、日本で刊行されたトッドのインタビュー集『「ドイツ帝国」が世界を破滅させる』（文春文庫）では、フランスはドイツに対する「自発的隷属」の国と規定されているが、このように隷属を自ら進んで選んだのは、当のオランドなのであるから。「ドイツ帝国」

への隷属、蔓延する人種主義、そして反ユダヤ主義の伸張、……少なくともトッドが、あの時代のヨーロッパのファンタスムを援用しようとしているのは、疑いない。

本書にはまた、国民戦線［ＦＮ］現象についての興味深い分析も見られる。なぜ、平等主義地帯の民衆階層がＦＮに投票するという事態が起こったのか。要約的に言うなら、平等主義的心性の者が、まだ出会ったばかりのマグレブ人の風習（特に女性のステータスの低さ）に対する違和感を抱いていたところに、指導層から「差異への権利」という多文化主義的観念が押し付けられ、それへの反発がＦＮへの支持につながった（「民衆的平等主義とエリートの多文化主義の化合」から生まれた「化学製品が……ＦＮへの支持票なのだ」一五六頁）ということになる。ここまで真っ向からトッドが論じたのは、初めてではなかろうか。

最後にトッドは、今後とるべき道として、（1）イスラムとの対決、（2）イスラムと折り合いをつける、の二つを挙げつつ、対決の失敗の確率は一〇〇％だ、と言う（二三七頁）。そして、「貧困化の一途をたどる若い高学歴者、都市郊外に追い出された民衆諸階層、マグレブ出身のフランス人を、平等主義的綱領の下に糾合する勢力」（二三八頁）がＭＡＺブロックを打破する可能性に想いを馳せ、「パリはいつの日か、この地球上の驚異の一つとなるだろう」（二四三頁）との夢を表白する。これは、インタビュー2で語った夢に他ならない。ただし、しばらく前から疑いが心に忍び込んだと、告白しつつ、「私の世代は約束の地を目にすることはないだろう」と、本書を結ぶのである。彼の絶望は深い、と言うべきか、己の死後の未来への確信と言うべきか。

本書は果して多くの者を愕然とさせ、数多くの厳しい批判を浴びることになる。早くも発売直後の五月七日の『ル・モンド』に、ヴァルス首相の四点にわたる反論が掲載された。時の政府首班が、このような「論理的な」反論を寄せるというのも、いかにもフランス的な光景であるが、政府としては、黙っていられなかったのだろう。「私はシャルリー」デモには、トッドの同業者たる研究者・知識人・文筆家の多くが参加していたはずであり、彼らとしても、デモ参加者としての自分の立場を擁護する必要があった。それほどこのデモの「全員一致」的様相は強かったのである。トッドは、言わば「生身の」友人や知人の多くに激烈な攻撃を加えたことになる。

トッドの指摘・問題提起の正当性を認める者も少なくなかったが、彼らの多くは、トッドの極端な推論と断定を、「意図的な混同」や「ポピュリスム」として、つまりは「デマゴギー」として非難し、トッドの経歴や同じ専門分野の研究者たちの間での評判にまで踏み込んで、「狂気」を口にする論評さえあった。

トッドの分析手法、統計や地図の解読技法に関する批判もなされ、「地域の本質主義」(フランソワ・エランン）という言葉も聞かれた。これはかなり妥当な批判と言えるため、やや詳しく見ておこう。トッドは、フランス各地でのデモ参加者の数の調査から、MAZという、階層分析を引き出したわけだが、各地の参加者自体の階層分析までできたわけではない。地域の階層的特性を、そのまま当該地域のデモ参加者集団の特性として、分析を進めたにすぎない。しかしこの二つの特性は、合致しないのが当然である。単純化した具体例で説明するなら、例えば、ある地域でカトリックが住民の六〇％を占めるとして、そこでのデモ参加者の六〇％がカトリックであるということにはならない。

もう一つ大きな批判点は、より一般的にトッドの方法を「地域の決定論」とするものである。トッドのゾンビ・カトリック地域という概念は、単純化して言うなら、かつて反革命、反共和国、反ドレフュス派、ヴィシー政権支持が地域全体として優勢であった場合、その地域の現在の住民は、過去と同様の政治的傾向を有するはずであり、もし彼らが共和主義的・左派的な態度表明を行なうとしても、無意識のレベルでは、かつての反共和制的心性を保ち続けている、と主張することになってしまう。こうした「専門技術的」な批判には、トッドが提示するあれこれの地図の読み方についての具体的な異論など、傾聴に値するものも多い。

「大衆的寡頭制」というほとんど形容矛盾の概念も、問題なしとしない。『不均衡という病』（四七頁）でのトッドの階層分析によれば、いまやフランスは八〇％以上が中産階層であり、そうなるとMAZというのは、人口の大多数を占めることになる。中産階級を基盤とすることが、民主制の定義そのものであることを考えるなら、「大衆的寡頭制」という概念には、もう少し厳密さが欲しいところだ。もっとも、そもそも民主制というものが、いくつかの重要な集団ないしカテゴリーを排除して成り立ったという歴史的宿命は、例えば『移民の運命』での彼の民主制分析が示唆するところであった。そのような歴史的宿命から民主制を解放し、民主制を万人のものとしたのは、まさにフランス革命の平等主義・普遍主義であった。だとすると、「大衆的寡頭制」とは、平等の国フランスにおいて、当の民主制が再び歴史的宿命の中に転落しかねない危険に警鐘を鳴らすための、戦略的強調であるということになろうか。

「他者の宗教」というトッドの命題に対する批判についても、触れておこう。キリスト教宗教実践がほとんど壊滅したフランスにおいて、有力な宗教実践はイスラム教であり、イスラム教はフランスの最大の宗教的信仰となっているとも言える。その意味では、イスラム教は「フランス（人）の宗教」だという主張にも、一理あるということになる。ある批判者が述べているように、無宗教者にとって、宗教とはつねに「他者の宗教」である。トッドの指摘は、フランス社会の批判と問題提起として重要であるが、「他者の宗教」という議論のはらむ問題点は、承知しておく必要があろう。

それにしても、いまやフランスという枠を踏み出してしまいつつあるトッドの孤独と苦悩が、気遣われる。

解説

石崎晴己

本書に収録したトッドのインタビューは、いずれも『環』に掲載されたものだが、その実施日時と掲載号を本書の目次の配列に従って提示するなら、以下の通りである。

1　エマニュエル・トッドとは何者か　二〇一三年十二月七日　『環』59号
2　フランス、そして世界で、今何が起きているか　二〇一三年十二月七日　『環』56号
3　ソ連崩壊の予言とマルクス　二〇一二年五月四日　『環』51号
4　ユーロ危機と「アラブの春」の行方　二〇一二年五月十六日　『環』50号
5　人口動態から見るイスラム諸国の民主化　二〇一一年三月十五日　『環』45号
6　東日本大震災の被災地を巡って　二〇一一年九月八日　『環』48号

つまり、ほぼ新しいものから順に時間を遡るように配列されているわけであるが、この順番に従って、個別的に解説していきたい。

1　エマニュエル・トッドとは何者か

エマニュエル・トッドは、二〇一三年十二月に京都大学の招き〔四二頁の註参照〕で来日し、一週間滞在したが、その最終日七日（土）の午後、インタビューに答えてくれた。青山学院大学渋谷キャンパスで行なわれたそのインタビューは、二時間に及んだが、『環』への掲載は、トッドの最新作『不均衡という病』（原題は *Le mystère français*「フランスの謎」）に関するその前半は五六号にて、『家族システムの起源』を中心に、トッドの学問的バックボーンを探り、併せて世界の現況について伺った後半は、五九号にてなされた。すなわち、目次に沿って言うなら、前半が2、後半が1となるわけだが、ここではまず、1について解説する。

これについては、まずは『家族システムの起源』*L'origine des systèmes familiaux*. Gallimard, Editions du Seuil. 2011 のアウトラインを紹介すべきであろう。この著作は、人類学者としてのトッドのライフワークと言うべきもので、二〇一一年に刊行されたのは、ユーラシアを扱うその第一巻にすぎない。アフリカ、南北アメリカ（もちろんコロンブス以前の）、オセアニアを扱う第二巻は、現在鋭意執筆中の模様である。

これまでのトッドの人類学は、やや単純化して言うなら、「共時態」の人類学と言うことができよう（人類学とは、基本的に共時態であると言えるかも知れないが）。すなわち、家族システムに関しては、基本的にある時点で確定した様態を、分析の対象とする。ただし、トッドの独自性は、これを系統的に近現代の心性史、政治・経済・社会史の解読に当てはめようとすることにある。この近現代とは、ヨーロッパの場合、十六世紀の宗教改革から始まる時期として定義されている。つまり、「最近五百年間の家族制度は変化せず安定していたという、根本に関わる仮説」（『新ヨーロッパ大全Ⅰ』八一頁）を前提として、五百年間の近現代史を分析・叙述するのである。家族システムという不動の共時態の上に、激動の近現代史という通時態が展開することになる。

全世界の家族構造を扱った『第三惑星』（『世界の多様性』に所収）においては、この不動の共時態の仮説が成り立つ時点はそれほど明確に定義されていないが、トッドの体系の出発点たる博士論文「工業化以前のヨーロッパの七つの農民共同体」というタイトルが示す通り、「工業化以前」というのが一つの定義となると考えられる。つまり、工業化が始まる前の家族システムの現況を、不動の共時態として設定するわけだが、ヨーロッパ以外の地域では、工業化は始まったばかりか、場合によってはほとんど始まっていないところもあったわけだから、ヨーロッパのように五百年前とするわけにはいかない。それに、ヨーロッパのように、家族システムを定義するための歴史的資料がない地域も多いのだから、ところによってはほとんど現代における「現状」を、不動の共時態として設定し、その「現状」の安定性をややア・プリオリに前提とせざるを得なくなるわけである。

いずれにせよ、トッドの体系は、イデオロギーや政治現象を説明する要因たる家族システムは安定的であり、その変遷それ自体は問題とされないという、まさに「共時態」的前提に立っていた。トッドの態度は、いわば「方法的な」共時態の設定、ないし「方法論的な」通時態の無視ないし「括弧入れ」と言うべきものであった。この「括弧入れ」は、要するに共時態の設定に用いられた時点以降の家族システムの「変遷」は無視するということであるが、当然、その時点以前のありうべき変遷は研究の対象としない、という方法論的決断も前提していたのである。

そのトッドに家族システムそれ自体の変遷へのアプローチのきっかけを与えたのは、友人の言語学者ローラン・サガールの示唆であった。トッドの作成した世界の家族システムの分布地図上で、ユーラシア中央部の広大な空間を占める共同体家族の分布を目にしたサガールは、それが革新的家族形態である蓋然性が高いことを示唆した。これを承けて、トッドはサガールと共同執筆で、論文「共同体家族システムの起源についての仮説」を発表した（*Diogène*, no 160, 1992. 和訳は『世界像革命』藤原書店、に所収）。すなわち、共同体家族は、家族システムの中では比較的新しく開発された類型であり、空間の中央部に広大に広がるその分布のありさまが、その革新性の証しである、ということになる。この「革新的」な家族システムが、かくも広範囲に普及したのは、それが優れた軍事的適性を持つからに他ならない。共同体家族とは、父親の権威の下での兄弟の平等を前提とする家族システムであり、そこから産出される、指導者の権威と服従者の相互の平等という価値観は、まさに「帝国」に相応しいのである。

この命題は、基本的には、家父長的な大家族が原初的であり、そこから近現代になって核家族が生み出されたとする、従来の漠然としたイメージに、真っ向から衝突する大転換に他ならなかった。しかし、複雑で重厚な大家族が革新であるのなら、逆に単純なもの、すなわち核家族こそが、最も古いものとなるというのが、論理的帰結であろう。また、周縁部に散在する形態は、古い形態ということになるが、現に核家族が見出されるのは、ユーラシアの陸塊の周縁部のあちこちに散在するという様態においてであり、そうなるとやはり、核家族が最も古いものという想定が推論される。

ただし、核家族と言っても、現在のイングランドや北フランスの核家族が、そのままの形で起源的な家族システムであったわけではない。そんなことは不可能である。現在の核家族は、国家が保証する社会的インフラ（道路、水道ガス電気、病院、学校、社会保障）という、言わば「保護膜」の中で初めて存立し得るのであり、原初的な核家族も、それだけが剥き出しで孤立して営まれていたわけではない。より広大な親族集団の中に包含されていたのである。ここからトッドは、核家族と、それを包含する一段上の集団という、二つの次元の存在に着目し、それを組み込んだ類型体系の構築を目指しつつ、「家族システムの起源」を求める探求に乗り出していくのである。

なお、インタビュー中に、核家族をめぐってトッドとの間で行き違いが見られる（三六頁）が、これは私が、起源的な家族システムを「絶対核家族」と言ってしまったために起きたことである。トッドは、「絶対核家族」ではないことを縷々説明したが、私は思い込みから脱することがなかった。そのためトッドはいささか匙を投げた気配がある。そこでこの部分（「トッド人類学の基礎」の抜萃を含む）は、やや「学問的」厳密性を欠いた遣り取りになってしまった。すべては、当時の私の『家族システムの起源』に対する読みの不十分さに起因する。とはいえ、生々しい遣り取りの実態をこうしてお見せするのも、意味のあることではなかろうか。

本書の概要を余すところなくここで示すことは、不可能であるが、この際、本書に見られる卓見とも言うべきいくつかの着想を、紹介しておきたい。最も重要なのは、「起源的母系制」を幻想として退けたことであろう。これは、かの有名なバッハオーフェンが定着させた、太古の昔には「母権制」が支配的であったとの概念であるが、これの淵源は古代ギリシャ人にある。トッドによれば、太古の家族システムは、父系と母系の一方に固定しない無差別性を特徴とし、女性のステータスは男性のそれに劣らず高かったが、強固な父系制で、女性蔑視的であった古代ギリシャ人の目には、それは女性が優越的な力を揮う母系制ないし母権制と映ったのである。その古典古代のギリシャ人の残した民族誌資料にそのまま依拠して、バッハオーフェンは、その論を展開したのであり、それは幻想にすぎない、という。それはエンゲルスの『家族・私有財産・国家の起源』の「第四版の序文」で生き生きと紹介されて以来、われわれにも馴染みのものとなった概念であるだけに、トッドの主張の衝撃力の強さが実感できるではないか。

これと対をなす、「起源的インド・ヨーロッパ語族の父系制」も、等しく幻想と断ずるトッドの、痛快なまでの推論もさることながら、ここでは、レヴィ＝ストロース批判を取り上げるに留めておこう。婚姻制度、特に内婚制が、トッド人類学の大きな研究分野をなしていることは、周知の通りであるが、彼にとって重要な内婚制は、いわゆる「アラブ風」の父方平行いとこ（父の兄弟の娘）との婚姻である。一方、レヴィ＝ストロースは『親族の基本構造』で、主に母方交叉いとこ（母の兄弟の娘）との婚姻に依拠して、その「女性交換」説を築き上げた。これは、構造主義の第一命題とも言える。これをトッドは、婚姻の問題を「統計的にはマージナルな形態から出発して」扱うという、部分化的方法と批判する。家族システムの歴史的変遷に取り組む本書が、構造主義人類学への反論とならざるをえないことは言うまでもないが、これはその最も基本的な論点の一つと言える。なお、ちなみに付言するなら、トッドとクロード・レヴィ＝ストロースは、遠縁の親戚である（トッドの祖母とクロードが、またいとこ同士）。こんなところにも、ある種の感慨を禁じ得ない。

　本書の特徴として、もう一つだけ特筆しておきたいのは、世界（旧世界）の全域をカヴァーするこの研究書は、中国（中央および北アジアを含む）、インド、東南アジア、ヨーロッパ、近東と並んで、日本を一つの独立した研究対象たる地域として設定していることである（第四章　日本）。ハンチントンが、『文明の衝突』で設定した現代の主要文明八件のうちの一つに、「日本文明」を挙げているのにも匹敵する、何やらわれわれの自尊心をくすぐる構想であるが、ことほど左様に、人類学者としてのトッドにとって日本は重要である。人類学者たるトッドは、もっぱら文献の読み取りで研究を行い、現地調査を行わないことで知られるが、その意味では、二〇一一年八月に三神氏とともに行なった〈東北〉旅行は、彼としては最初のフィールドワークであったと言える（「対談」を参照）。

　さて、もう一つ、本インタビューの中心テーマは、トッドという学者の形成の環境について、である。要するにケンブリッジ歴史学派とアナール派という、いわば二大揺籃とも言うべきものについての、トッド自身による総括に他ならない。果して彼は、ケンブリッジに行く以前のフランスでの学業から、識字率と革命との連動の着想を与えてくれたローレンス・ストーンのこと、さらにフェルナン・ブローデルとの関わりまで、惜しみなく語ってくれた。そこから浮び上がるのは、フランスとイギリスの歴史学者たちが、「一つの世界」をなしていた時代《モメント》である。貴重な証言と言わねばなるまい。

ウォーラーステインやアブデル゠マレクは、私がかねてから、トッドとの関係について気になっていた人物である。実は二〇一三年六月に、日仏会館の文化講演シリーズの枠内で、「エマニュエル・トッド、その予言力の秘密」と題する講演を行ったが、その際、この二人を持ち出したものである。私としては、言わば「裏を取ろう」として質問したわけだが、所期の成果は得られなかった、ということになる。私の質問の仕方が、もたもたして、説明不足だったのが一因であろう。「一を聞いて十を悟る」才気煥発なトッドは、みなまで言わせず、どんどん回答を展開してしまった。

しかし、それなりの成果はあり、ウォーラーステインについては、アナール派を超えたマルクス主義的、というよりむしろマルクス的アプローチという共通性が、浮び上がって来たと言えよう。マルクス主義的な教条主義から解放されたマルクス的アプローチが。

アブデル゠マレクは、私がサイードの『オリエンタリズム』を通して「発見」した歴史学者であるが、これについては、ほぼ「完全」に近い失敗である。ただ、「ホモ……クス」という形での、人間類型の「本質化」への批判という観念は、おそらく一九七六年前後にはかなり流通していたのではなかろうか。二十五歳の若き歴史学徒が直接間接にそれに触発された、ということは、大いにあり得ると考えられる。

ここまで来ると、単に当人の「自覚的」回答だけで解明できる問題点ではなく、時代の文化状況や間テクスト性を踏まえた「作家論」的アプローチの領域に踏み込むことになってしまう。

いずれにせよ、このインタビューは、一週間の滞在で疲れ切ったトッドが、羽田からの帰国の直前に、『家族システムの起源』を訳す上でのいくつかの質問に答えてくれたあとで、応じてくれたインタビューの後半部分であり、その日の作業全体としては、三時間以上も費やした疲れが次第に蓄積する中で行なわれ、必ずしも万全のコンディションの下と言えなかったが、いくつかの瑕疵にもかかわらず、貴重な発言をふんだんに含むものとなった。トッド論としても、ひじょうに充実したものとなり、トッドという、優れて時代にコミットした個人（サルトル流にいうなら「単独的普遍」）の特権的視点から見た、アナール派とケンブリッジ歴史学派を中心とした二十世紀中葉の歴史学の動向のヴィジョンとしても、かなり貴重な資料となり得るものとなったのではなかろうか。それに加えて、アメリカ、イラン、イスラエル、さらには中国についても、独創的な見解を表明してくれた。改めてトッドに、感謝と労いの意を表明したい。

2　フランス、そして世界で、今何が起きているか

『不均衡という病』（以下「本書」）は、彼とその先輩僚友エルヴェ・ル・ブラーズの共著で、二〇一三年五月にスイユ社から刊行され、その和訳版は二〇一四年三月に藤原書店より刊行された。エルヴェ・ル・ブラーズは、一九四三年生まれ、フランス最高の人口統計学者の一人として国際的にも著名で、ＩＮＥＤ（国立人口統計学研究所）の研究主任を務める。トッドがＩＮＥＤに入ったのは、八歳年長の先輩研究者たるル・ブラーズのお陰と言う。本インタビュー（以下「本文」）中でトッドが紹介している通り、数学の高い技量を有し、統計データを地図化する独特のプログラムを作り上げた。トッドとの最初の共著『フランスの創出』（アシェット社、一九八一年）は、この地図作成法によるフランス各地域の動向の詳細な分析に他ならないが、その時はまだデータが県単位であった。しかし本書での地図作成は、市町村単位のデータによって行なわれており、精度が一段と増している。これについては、本書「序説２」に詳細な説明がなされているが、カラーの微妙なグラデーションが脳内のカラー写真を思わせる、万華鏡のような不思議な美しさをたたえる一〇〇点近くに及ぶカラーの地図が、本書の「楽しみ」の一つであることは間違いない。

また出自も性格も異なる二人の優れた研究者の一年間の集中的共同作業のありさまは、本文中

に生き生きと語られているが、一足す一が三にも四にもなる「研究力の増幅」（六九頁）を生じたと、トッド自身が自負しているところである。

トッドの人類学的研究の変遷の中に本書を位置づけて、まず気付くのは、『新ヨーロッパ大全』においては、家族システムと補足的に農地システムとからなるとされていた「人類学的基底」の構成要素に、「居住環境」という要件が加わっている、という点であろうか。人類学的基底が、各地域の住民の心性を、ひいてはイデオロギーを決定するというのが、トッド人類学の中心的命題であるが、近代化・都市化の進展の中で、複合的家族構造（直系家族など）は解体し、核家族化が進展するように見える。だとすると、それに応じて心性の方も変化するのではないか、という疑問が呈されるのも当然である。それに対するトッドの対応は、「価値観の伝承は、家庭内のみの事業ではなく、地域の全ての成人――親族、隣人、教師、等々――が参加する社会全体の共同事業」であるとして、「一定地域の人間関係の総体」からなる「人類学的システム」を想定することであった（『移民の運命』参照）。

「居住環境」は、従来よりル・ブラーズの分析の主要要件であると言う。これについてトッドは、従来の自説がもっぱら「フロイト的」でありすぎたとし、ル・ブラーズがもたらした「土地の記憶」の概念も絡めて、率直に説明している（四九―五〇頁）。

また本書では、住民の心性・イデオロギーを決定する「下部構造」に、宗教的要素が重要な要件として加えられているのも、特筆すべきであろう。従来、宗教はイデオロギーと同様の「上部構造」として扱われていたと思われるが、本書では「人類学的・宗教的基底」という言い方で、心性・イデオロギーを決定する「深層」が定義されているのである。

フランスという国は、人類学的には、きわめて多様で異種混交的とされている。例えば、ドイツは基本的に直系家族の地帯であり、大ブリテン（イギリス）は、スコットランドやウエールズに直系家族地域があるものの、大部分は絶対核家族によって覆われている。ところがフランスには、トッドが確定したヨーロッパに分布する四つの家族システム（平等主義核家族、直系家族、絶対核家族、共同体家族）がすべて含まれ、さらに中間的な諸形態も見られるようである。世界中でも、このような国は他に見当たらない。フランスの「異種混交性」についても、本書では、『新ヨーロッパ大全』レベルの家族システムだけでなく、より精緻な分類がなされ、それに基づいてフランスが八つの地域に分けられている（本書、地図14を参照）。

一方、宗教的要件も加味した「人類学的・宗教的基底」に基づくなら、フランスという国は、大きく二つの部分に分かれる、ということは、『フランスの創出』『新ヨーロッパ大全』『移民の運命』以来のトッドの主要命題である。すなわち、パリ盆地を中心とする北フランスであるフランス中心部と南西部やブルターニュやアルザスからなるフランス周縁部である。フランス中心部は、基本的に平等主義核家族の分布地帯で、それが産出する自由と平等の価値観が根付いており、早くから脱キリスト教化が進んだ地域であり、十八世紀にフランス啓蒙主義を産み出し、フランス大革命を為し遂げた。その後も半世紀以上の闘いの中で、第三共和国という形で共和制を確立し、さらに教育のキリスト教からの解放を押し進めて、政教分離の世俗主義を定着させる。一口で「平等主義的・世俗的」地域と呼ぶことができる。

われわれ日本人に限らず、世界の人々が思い描くフランスというのは、おそらくこのフランスであろう。近代性というものを形成したのも、イングランドとともに、主にこの地域であり、その意味でまさにこの地は、世界史の主たる推進力となって来たと言える。ところが、本書の調査によると、この地域は周縁部と比べると、高等教育学歴者の率が少なく、最低学歴者（免状なし）の率が高く、また失業率も高いなど、文化的にも経済的にも凋落・衰退しているらしい。

ここで本書の重要な概念である「保護層」について語らねばならない。「保護層」は、シュンペーターが、資本主義の発達を記述するために発案した概念であるが、この概念をトッドはかなり自由に発展的に解釈し、「資本主義的合理性の冷ややかな世界」から個人を保護し、「行動の枠組をなす価値体系」（本書第七章）という意味で流用した。したがって「保護階層」ではなく、「保護層」

と訳した次第である。

カトリックの信仰が強かったフランス周縁部では、まさにカトリック教がそのような「保護層」の役割を果たしていたが、やがて宗教的信仰としては消滅した。しかしその後になっても、カトリック教が教えた秩序への従順や道徳遵守や勤勉といった倫理性は残り、人々の行動の規準となっている。これをトッドは、死んだのちに依然として作用を及ぼす、という意味で「ゾンビ・カトリック教」と呼ぶ。したがって周縁部では、かつてはカトリック教が、いまでは「ゾンビ・カトリック教」が「保護層」として機能している、ということになる。なお、この「ゾンビ」という、ユーモアに満ちた新造語の初出例は、インタビュー4（二〇五頁）であり、その解説も参照して戴きたい。

では世俗的なフランス中央部ではどうか、と言うと、「保護層」をなしていたのは、共産主義であると、トッドは言う。これはいささか「歴史の逆転」に類した、意表を突く主張であるが、興味深い仮説として認めることはできよう。

もちろんそれはソ連のそれのように、革命によって国家を占拠し、社会を支配するに至った体制化した共産主義ではなく、純然たるイデオロギーと、それに付随する一連の道徳慣行として生きられた共産主義であり、ある意味では、体制化による「堕落」から護られた純粋な共産主義と言えるかも知れない。そしてそれはまさに、啓蒙から大革命、共和国、世俗主義と続く、パリ盆地の伝統的な心性の表出の延長上に自然に位置づけられるものであり、まさに啓蒙から始まる一連の展開の当然の継承者、つまり歴史の本来的な到達点として立ち現われるが、これこそはおそらく共産主義者たちが思い描いていた世界史の発展のイメージそのものであろう。

例えば、アルフォンス・オーラールが十九世紀末に創設したソルボンヌの「フランス革命史」講座の歴史像は、まさにそのようなものであった。それは、単純化して言うなら、フランス革命とロシア革命の「同一視」「混同」に他ならず、ロシア革命は、ということはすなわちソ連体制は、フランス革命が開始した人類解放の過程の進展ないし完成段階である、ということになる。こうした「同一視」現象は、フランソワ・フュレが検知して痛烈に批判したところであるが、おそらくフランス共産党の歴史イメージとして、フランス中央部の住民の多くに浸透していたのではあるまいか。

若い頃共産党に加入していたトッドにも、その影響はあったと考えられるが、要は、この世界史発展のイメージは、「現実に」生きられていたのであり、その意味で「現実的」なものであったのだ。それにしても、パリでの若き日の共産党の実践の思い出を語る彼の口調の、なんと優しく、熱っぽいことか。それがまさに幸福の経験であったことが、聴く者をも幸福にする口調で語られており、「共産主義の最盛期」における、フランスの共産主義者たちの精神的充実を、彷彿とさせる（六一—六二頁）。

しかしその「共産主義保護層」地帯で、共産主義は崩壊する。そして、直接間接に共産主義を信奉していたパリ盆地の住民は、恥の意識とともにかつての信奉を否認することになり、将来への信頼と進歩の観念とを放棄する。この事態をトッドは、「鬱病」とさえ呼ぶ（本書第七章を参照）が、この「共産党崩壊による鬱病」現象の発見は、ル・ブラーズとの議論の中で二人で実現したものであり（五九—六〇頁）、これこそ本書の重要な成果の一つに他ならない。

要するに、パリ盆地を中心とするフランス中央部は、啓蒙、革命、共和国、世俗主義、共産主義と続く発展的歴史を生きかつ産み出したのちに、意気消沈・鬱状態に転落するのである。この歴史的シークエンスは、少なくともある時点までは、同時に「世界史」のシークエンスでもあったがゆえに、この共産主義の崩壊はまさに「歴史の終り」に他ならなかった、と言えよう。全世界的な「歴史の終り」を、「歴史」の中核にして牽引車であった地帯がことさら集約的に体験する、二重化された「歴史の終り」である。

この意気消沈は、単にフランスないしフランス中央部のみの現象に留まらない。ソ連崩壊後のロシアでも、同じような混乱と自信喪失が起こったことは、周知の通りであるし、フランスとともにかつて西欧最大の共産党を擁していたイタリアでも、おそらく同様の事態がみられたことだろう。ある意味では、「歴史の終り」という普遍的な現象の、マイナスの具体的現実と言うべきではなかろうか。

しかしトッドは、このような衰退にあるパリ盆地の未来については、意外な楽観的ヴィジョンを提示する。すなわちパリ地域は、世界中から到来するあらゆる人種・民族の移民の融合によって、やがて（二十一世紀半ばに向けて）全く新しい素晴らしい文化的隆盛をみることになるだろう、と。ちなみにこの「予言」は、本書中にはなく、ひとえに本文中に表明されたものである。これこそこのインタビューの功績の一つと言えよう。なお、この「パリは世界の驚異〔不思議〕の一つとなる」との予言は、最新作『シャルリーとはだれか？』でも、表明されている。ただし、「私の世代は約束の地を目にすることはないだろう」との、悲観的な但し書きを伴いつつ（拙稿「トッドの新著『シャルリーとはだれか？』（二〇一五年刊）をめぐって」参照）。

極右政党の国民戦線〔FN〕については、トッドは本文において、本書より踏み込んだ態度表明を見せる。国民戦線が二〇〇二年の大統領選挙で第二回投票に進出して、世界中を驚かせたのは、周知のことであるが、その後、国民戦線は創設者ル・ペンの娘のマリーヌ・ル・ペンへと党首を替えるとともに、政策とイメージを大きく転換させ、二〇一二年の大統領選挙では、彼女が得票率一七・九〇%を獲得した（しかし第二回投票へは進出を果たさず）。本書の最終章（第一一章）は、国民戦線の分析に充てられるが、それはこの小政党が、かつて共産党が占めていた世俗主義のフランスの労働者や下層民を征服する過程を記述するかに見える。だとすると、最終的には共産主義から極右へという、世俗主義フランスの民衆階層の支持政党の大転換が実現することになるのだろうか。しかしトッドは、第一一章の最後の数行で、いきなり国民戦線に転落の宣告を行なうのである。その宣告の理由を本書より明解に述べている（六三―六四頁）のも、本インタビューの功績の一つに他ならない。さらに『シャルリーとはだれか？』では、FNそのものと、その支持層とを、明確に区別して論ずるという風に、分析がきめ細かくなっていることを、付言しておこう。

なお、このインタビューは、当初、『不均衡という病』の序文に用いようと考えたが、共著であるから、自分一人が答えたものでは好ましくないとのトッドの正当な主張を容れて、改めてフランドロワ女史に二人の共著者へのインタビューをしていただくこととなった。翌二〇一四年一月十七日に、パリのトッド宅で、同じ質問をル・ブラーズに対して繰り返して戴き、すでになされたトッドの回答を組み込む形で、「共同インタビュー」を仕上げたのであるが、やや長くなったこともあり、予定を変更して巻末に収録することになった。読み比べて戴くのも一興であろう。

3　ソ連崩壊の予言とマルクス

このインタビューは、『最後の転落』の「日本の読者へ」の一文として、二〇一二年五月四日に行われたものである。基本的に私が作成した質問表に基づいて、フランドロワ女史が質問して下さった。

La Chute finale（『最後の転落』）は、一九七六年、トッドが齢二十五にして上梓したデビュー作で、当時隆盛の一途をたどるかに見えたソ連の崩壊を予言した本として、よく知られていたが、今回、これの日本語版が刊行されることになったのは、まことに慶ばしい。

とはいえ、すでに三五年以上も前の著作の和訳を今日刊行するのには、どのような意味があるのか、といぶかる向きもあろう。たしかにソ連の崩壊を予言した重要な書であるとしても、その予言はすでに実現し、しかもその実現もいまや遠い過去になっている以上、いまさらその予言を読む必要はないのではないか。だとすると残るは、あのエマニュエル・トッドが二十五歳のときの若き天才の姿を目の当たりにするという興味しかないのではないか、と。

たしかに本書には、二十歳代のトッドの輝かしい面目が躍動している。私は前回のトッドの滞在（二〇一一年九月）の際、トッドの最新作『家族システムの起源』に絡めて、「『家族システムの起源』のような本は、大学者なら書くことはできる。しかし、二十五歳で『最後の転落』を書くことができるのは、天才でなければならない」と言ったことがあるが、まさに本書は、当時のソ連システムの全容を、あらゆる角度からずばりと解明しており、しかも当のトッドは、ロシア語のロの字も知らず、ソ連に足を踏み入れたこともなく、わずかにハンガリーに小旅行をしたことがあるだけなのだ。

しかしトッドへの興味だけではない。果してわれわれは、ソ連というものが何であったかを、きちんと知っているであろうか。人権を無視した強圧的な独裁国家が、自由と人権を求める民衆の熱望によって、ついに崩壊に追い込まれた、といった程度の認識で、あとは急激な歴史の動きの軌跡の果てに、ソ連という過去を置き去りにした、ということではないのか。

例えば、日本の軍国主義について、なぜ日本は一五年戦争ないし太平洋戦争を引き起こし、そしてなぜ一九四五年八月十五日まで、戦争を継続してしまったのか、という問題については、あらゆる角度から、あらゆる種類の問い掛け、解明の試みがなされ、今でもなされている。あるいは、ナチス・ドイツないしヒトラーという存在は、今なお問い掛けの対象であり続けている。日本人にとって、あるいは人類にとって、本質的な反省の課題であるからであろう。

同様に、かつて人類の希望の的と思えたあのソ連という存在が、いかなるシステムとして作動し続けながら、いかなる原因で機能不全に陥り、ついには倒壊するに至ったのか、これは人類が己に突きつけなければならない反省の課題のはずである。しかし、どうもこの反省は、少なくとも日本においては、ほとんどなされずに済んでしまったのではなかろうか。

一つには、ソ連というのは、近現代最大のイデオロギーたる共産主義という「大きな物語」の中核をなしていたため、ソ連の崩壊がこの「大きな物語」の失効を、事実上、確証することになった、という事情があるかも知れない。しかし共産主義イデオロギーを構成した多くの要素は、おそらく今でもわれわれの中に潜在している可能性がある。そのうち、あのソ連システムのマイナス面を形成した要素、つまり否定され、克服されなければならないものはどれとどれなのか、逆にソ連の崩壊にもかかわらず、われわれが保持し、尊重しなければならない要素は、どれとどれなのか、こうした反省がきちんとなされたようには見えないのである。

『最後の転落』の驚くべき点の一つは、ソ連崩壊の一五年前にソ連の外側から一人のフランス青年によってなされた観察と分析が、現実のソ連崩壊のシナリオまでも的確に描き出している、という点であろう。つまり、外側から若き歴史学者の目が見たものは、完璧にソ連およびその帝国の実像・実態にほかならなかった、と思えるのである。もちろんソ連研究者ではない私としては、本当にそうであるのか、専門家によって確認して貰いたいという思いはある。その点について、トッド自身にも質問を発したが、質問の趣がうまく伝わらなかった気配がある。いずれにせよそれは、トッド本人ではなく、他の者が答えるべき問題であろう。

要するに、『最後の転落』が今日この時点で日本で刊行されるということには、あのソ連とは何であったのか、社会主義・共産主義運動とは、ロシア革命とは何であったのか、そしてソ連はどの程度まで、あるいはどの時点まで、共産主義運動の中核もしくは一環をなしていたのか、について改めて問い掛ける機会を提供するという意味があると、思うものである。

詳しくは、本書の解説に譲るが、トッドの研究者・著作者としてのキャリアについて、これまで日本の読者が抱いていたイメージは、家族システム研究の人類学を己のディシプリンとして展開していたトッドは、一九九八年の『経済幻想』(日本語版は一九九九年)から、大幅に経済学というディシプリンを組み込み、二〇〇二年の『帝国以後』(日本語版は二〇〇三年)で、新たな総合的地政学を築き上げた、というものであっただろう。しかし、本書にその姿を展開する青年トッドは、すでに「経済学への進出」以降の今日のトッドの用具と技法を一通り身に付けている。むしろ表面に現われていないのが、家族システムの体系である、ということになる。つまりわれわれは改めて、トッドの学問領域としての総合性を見せつけられるわけである。

この「序文インタビュー」は、当初トッドに「日本語版への序文」をお願いしたところ、イザベル・フランドロワ女史より「むしろインタビューで」という提案があり、これを承けて、『環』五〇号に掲載した仏大統領選後のインタビューと相前後して行われたものである。質問については、思いつくままの質問や感想を女史にお送りし、女史がそれを整理する形で質問して下さった。

本書そのものについての質疑応答の他に、日本が対面する二つの共産主義国についてと、マルクスについての質疑応答は、この際、出色のものと自負している。特にマルクスについて、トッドが階級分析と『資本論』（経済のマルクス的批判）という二つの側面のそれぞれについての態度を率直に開陳し、かつては形而上学として斥けていた『資本論』を真剣に読もうとしていると言明しているのは、まことに興味深く、意味深い。

4　ユーロ危機と「アラブの春」の行方

二〇一二年五月のフランス大統領選挙で、サルコジを破って、社会党党首のフランソワ・オランドが当選した直後、五月十六日にパリにて行なわれたインタビュー。3の直後に、イザベル・フランドロワ女史が、インタビュアーとしてトッドに質問をして下さったものである。

二〇〇七年の大統領選挙で当選したサルコジに対する痛烈な罵声で始まる『デモクラシー以後』（二〇〇八年十月刊）で明らかなように、トッドにとって、サルコジは、「平等」を国是とするフランスという国の本質、理念に対する、歪曲・逸脱・裏切りに他ならなかったが、それが任期一期のみで退くことになったことは、まずは「正常でないフランス」に対する「正常なフランス」、すなわち普遍主義的・平等主義的フランスの勝利として、歓迎すべきことであった。フランスの変質の危惧は、ひとまず回避されたのである。

しかし、この三年間でトッドの期待は、裏切られることになる。最新書『シャルリーとはだれか？』でトッドは、口を極めてオランドをこき下ろすが、その激しさは、一時はわずかでも期待を寄せた者の、裏切られた怒りによって増幅されている（「トッドの新著『シャルリーとはだれか？』（二〇一五年刊）をめぐって」を参照）。オランドは、サルコジの対独追随路線を継承し、「ドイツをモデルにしたもう一つのフランス」がますます幅を利かせるようになり、トッドがこのインタビューで危惧していたことは、ますます現実性を強めて来たのであり、その劇的顕現が、本年一月の『シャルリー・エブド』事件と「私はシャルリー」デモに他ならない。

本インタビューでは、これに続いて、トッドの年来の主張である「ヨーロッパ規模の保護主義」の提言が具体的になされ、さらにまた、やはりきわめて具体的なユーロ批判が展開し、ギリシャのユーロからの脱退の可能性も論じられる。また、「ゾンビ・コンセプト」という用語が登場するのも、注目に値する。「ゾンビ」という語は、「ゾンビ・カトリック教」として、『不均衡という病』の中で、現代フランス社会の分析にとって重要な役割を果たしており、『シャルリーとはだれか?』では、さらに増殖している。その言わば「初出」が、ここなのである。ただし、本インタビューでの用法は、『不均衡という病』以下の用法とは、微妙に異なるようである。

最後に論じられるのは、「アラブの春」の顛末、ないし現状における帰結である。往々にして、あの「革命」は、イスラム勢力の伸張をもたらし、民主化としては何の成果ももたらさなかったとする、否定的な評価が幅を利かせているが、トッドは、ヨーロッパにおけるキリスト教民主党などの「宗教政党」の存在とヨーロッパの近代史とを喚起しつつ、否定的な見方を一蹴している。

全体として、きわめて興味深い、重要なインタビューであると言えよう。

5　人口動態から見るイスラム諸国の民主化

二〇一一年三月、私はひと月ほどフランスに滞在する機会があり、トッドとも再会し、浅利誠氏夫人イザベル・フランドロワ女史とも旧交を温めるを得たが、折しも『環』四五巻で、自由貿易批判の特集を組み、十九世紀ドイツの保護主義論者フリードリッヒ・リストの『経済学の国民的体系』のフランス語版再刊(1998)にトッドが寄せた序文などを掲載することが予定されており、筆者が和訳を担当していたこともあり、この「序文」を中心に、当時、進行中であったアラブ諸国の革命（いわゆる「アラブの春」）などについて、トッドにインタビューを行なおうというアイデアが自然に浮上した。そこで三月十五日、筆者の宿泊するホテルに、フランドロワ女史がいつもの装備一式を持ち込んで下さって、インタビューを録音し、それを起こして下さったものである。日付を見てお気づきと思うが、これは東日本大震災（3・11）の直後のことであり、実は筆者は、多数の学生を引率してパリに来ており、大震災と放射能事故にどのように対処するか、苦慮している最中だった。

このインタビューは、『環』四五巻への掲載の際は二分され、リストと当時のフランス情勢（FN〔国民戦線〕など）に関する前半は「「ホモ・エコノミクス」とは何か」、後半は「イスラム諸国の民主化」と題して掲載された。この前半は、のちに『自由貿易という神話』に、上述の「序文」などとともに収録されることになったが、その際、収録されなかった後半を、ここに掲載するものである。

「アラブの春」の直後、ないし進行中の生々しい発言として、きわめて貴重と思われる。筆者としては、『文明の接近』というタイトルの訳し方について、トッドから承認を得た、貴重な機会であった。

6　東日本大震災の被災地を巡って

二〇一一年八月上旬、トッドは、旧知のジャーナリスト、三神万里子氏の招きで来日、ともに大震災後の東北各地を訪れた。これはその探訪の体験を語る対談であるが、これ自体が行なわれたのは、九月八日である。当時トッドは、青山学院大学の招きで、九月上旬に再び日本を訪れて、九月十四日まで日本に滞在していた。

当時の東北の実情について、マイナス面も含めて、忌憚のない証言を多数含んだきわめて興味深い対談であるが、私としては、家族システムによって説明される日本の秩序正しさ、規律、技術と製品の完璧性などの強調、そして、東北の一部品メーカーが被災したために世界中の自動車の生産ラインがストップしたというエピソードや、岩機ダイカストの例などから、全世界に向けての部品製造に、グローバリゼーションの中での日本経済の一つの強みを指摘している点などの他に、日本における原子力利用に関して提起された「小児性」の概念は、特に重大な意味を孕んでいると思う。日本の核=原子力に対する一種の思考停止を鋭く突いた、示唆に富む発想と言うべきであろう。また当時、世界では、この大災害によって日本経済が破滅に瀕する、との予測もなされていたことが、トッドの熱弁を通して逆に思い出されたりもする。

いずれにせよ、この対談の背景や経緯などについては、三神氏が今回新たにお寄せ下さった素晴らしい一文「対談を終えて」にお委ねしたい。また翻訳については、『環』に掲載された堀茂樹氏の訳を参考にしつつ、今回新たに訳出したことを付言しておく。

エマニュエル・トッド著作一覧

＊邦訳刊行順。邦訳されていないものは含まれない。
＊単行本の翻訳は太文字で提示されている。

『**新ヨーロッパ大全**』ⅠⅡ（*L'Invention de l'Europe*, Seuil, coll. « L'Histoire immediate », Paris, 1990.）石崎晴己・東松秀雄訳、藤原書店、一九九二年・一九九三年。

『**経済幻想**』(*L'Illusion économique. Essai sur la stagnation des sociétés développées*, Gallimard, Paris, 1998.）平野泰朗訳、藤原書店、一九九九年。

『**移民の運命**——同化か隔離か』（*Le Destin des immigrés*, Seuil, Paris, 1994.）石崎晴己・東松秀雄訳、藤原書店、一九九九年。

『世界像革命——家族人類学の挑戦』石崎晴己編、藤原書店、二〇〇一年。

『**帝国以後**——アメリカ・システムの崩壊』（*Après l'Empire, Essai sur la décomposition du système américain*, Gallimard, Paris, 2002.）石崎晴己訳、藤原書店、二〇〇三年。

『「帝国以後」と日本の選択』エマニュエル・トッド／飯塚正人／池澤夏樹／井尻千夫／伊勢崎賢治／小倉和夫／佐伯啓思／榊原英資／高成田享／中馬清福／西部邁／濱下武志／三木亘／武者小路公秀／養老孟司、石崎晴巳・尾河直哉・荻野文隆・三浦信孝・宮本真也訳、藤原書店、二〇〇六年。

『**文明の接近**——「イスラームvs西洋」の虚構』（Y・クルバージュとの共著）(*Le Rendez-vous des civilisations*, avec Youssef Courbage, Seuil / La République des idées, 2007.）石崎晴己訳解説、藤原書店、二〇〇八年。

『**世界の多様性**――家族構造と近代性』(*La Diversité du monde : Famille et modernité*, Seuil, coll. « L'histoire immediate », Paris, 1999.) 荻野文隆訳、藤原書店、二〇〇八年。

『**デモクラシー以後**――協調的「保護主義」の提唱』(*Après la démocratie*, Gallimard, Paris, 2008.) 石崎晴己訳・解説、藤原書店、二〇〇九年。

『自由貿易は、民主主義を滅ぼす』石崎晴己編、藤原書店、二〇一〇年。

『**アラブ革命はなぜ起きたか**――デモグラフィーとデモクラシー』(*Allah n'y est pour rien*, Le Publieur, Paris, 2011.) 石崎晴己訳・解説、藤原書店、二〇一一年。

『自由貿易という幻想――リストとケインズから「保護貿易」を再考する』エマニュエル・トッド/松川周二/中野剛志/西部邁/関曠野/太田昌国/山下惣一/関良基/F・リスト/D・トッド/J-L・グレオ/J・サピール、藤原書店、二〇一一年。

『**最後の転落**』(*La Chute finale*, Robert Laffont, Paris, 1976.) 石崎晴己監訳、石崎晴己・中野茂訳、藤原書店、二〇一三年。

『**不均衡という病**――フランスの変容 1980-2010』(H・ル・ブラーズとの共著)(*Le Mystère français*, avec Hervé Le Bras, Seuil, Paris, 2013.) 石崎晴己訳、藤原書店、二〇一四年。

『グローバリズムが世界を滅ぼす』エマニュエル・トッド/藤井聡/堀茂樹/中野剛志/ハジュン・チャン/柴山桂太、文春新書、二〇一四年。

『「ドイツ帝国」が世界を破滅させる――日本人への警告』堀茂樹訳、文春新書、二〇一五年。

編訳者あとがき

エマニュエル・トッドが、日本の広範な読者に馴染みの存在となってすでに久しいが、最近は、本年一月初頭にパリで起こった『シャルリー・エブド』へのテロ攻撃とそれに対する抗議デモに関して、*Qui est Charlie ?*（『シャルリーとはだれか』）を刊行し、一大スキャンダルを巻き起こした他、日本でも、『文藝春秋』誌上などで頻繁に発言し、『「ドイツ帝国」が世界を破滅させる』（文春新書）が、ベストセラーになっている。特に『シャルリー・エブド』については、当初、日本のプレスにはインタビューに応じたが、フランスのメディアでは発言を控えていたという特異な事情もある。

また、二〇一一年に刊行された彼の畢生の大作、『家族システムの起源』の和訳には、私がここ数年を費やして当たって来たが、これがいよいよ近日中に刊行される予定となっている。

そこで、雑誌『環』に掲載されたトッドの近年のインタビューのうち、まだ単行本に収録されていないものを集めて一巻を編むことにした。時系列的には、二〇一一年以降、『環』に掲載されたすべてのインタビューであり、トッドの著作との関連について言えば、一九七六年に二十五歳で著した衝撃の処女作『最後の転落』の和訳（二〇一三年一月）、エルヴェ・ル・ブラーズとの共著『不均衡という病』（二〇一四年三月）、そして間もなく刊行される『家族システムの起源』をめぐるインタビューが含まれる。つまり、処女作から最新作までを、本書は語っているわけであり、同時に、トッドの最近の思索の動向を余すことなく伝えるものである。特にこの最後のものには、トッドの人類学徒としての自己形成についての自己分析が含まれている。父親のこと、前妻の父母のこと、青少年期の勉学・研究や政治活動の思い出なども、篇中で語られる。エマニュエル・トッドという才気溢れるこの思索者は、何者なのか、その全貌がここにある、と言えよう。

六編のインタビューのうち三編は、私自身がインタビューを行なったもので、一編は、私が作成した質問表に基づいて、イザベル・フランドロワ女史に質問して戴いたものであるが、いずれにせよ、録音を「起こして」フランス語テクストを作成して下さったのは、すべてについてフランドロワ女史である。『環』に掲載された際、私の解説が付されたものが三編あったが、今回、他の三編にも然るべく解説を付し、巻末にまとめた。当初の三編の解説も、今回、大幅にアップデートしたが、『環』掲載時における基本的な時点設定までは変更していないので、その点を斟酌してお読み戴ければ幸いである。また、最近のトッドの動向について、最新刊の *Qui est Charlie ?*（『シャルリーとはだれか？』）を中心に、一文を草した。

この「トッドの新著『シャルリーとはだれか？』（二〇一五年刊）をめぐって」でも述べたように、現在トッドは、激しい論戦の渦中にあり、ヨーロッパ各地を東奔西走している。その超多忙の日々の中で、本書のためにわざわざ「日本の読者へ」を寄せて下さった。それも本書のタイトル、特にインタビュー1のタイトルにまことに見事に照応する内実のある文章で、研究者・知識人としての自分を形成した二つの軸、時として矛盾対立する二つの軸の総合として己を分析し、さらに自分自身が「後天的に」獲得した新たな軸として、わが日本を指名する。かくしてトッドは、フランスと英米圏の総合であるだけでなく、西洋と日本（もっともトッドによれば、これも西洋の有力な一部をなすことになるが）を拠点とする知性でもあるのだ。この「日本の読者へ」これ自体が、すでに一個の「自伝」であるとさえ言えるであろう。

また三神万里子氏は、今回改めて、東日本大震災についての対談に寄せる一文をお寄せ下さった。トッドとの東北探訪の経緯とそれが進行した環境についての、臨場感溢れる鮮烈な説明と報告である。

私としては、近年さらに広がった日本におけるトッドの読者のみなさんがトッドについてさらに認識を深める一助になれば、これに勝る慶びはない。なお、中国、北朝鮮やアメリカ、アラブ、ヨーロッパ、ユーロなどについての発言については、本書では時系列が逆転していることを考慮に入れて、お読み戴きたい。

最後に、エマニュエル・トッド、三神万里子氏に、篤く御礼申し上げるとともに、フランドロワ女史、編集部の小枝冬実氏、そして、今回このインタビュー集の刊行を発案して下さった藤原書店社長藤原良雄氏に、改めて謝意を捧げるものである。

二〇一五年十月

石崎晴己

著者紹介

エマニュエル・トッド（Emmanuel Todd）

1951年生。歴史人口学者・家族人類学者。フランス国立人口統計学研究所（INED）に所属。作家のポール・ニザンを祖父に持つ。ケンブリッジ大学にて、家族制度研究の第一人者P・ラスレットの指導で76年に博士論文 *Seven Peasant communities in pre-industrial Europe*（工業化以前のヨーロッパの七つの農民共同体）を提出。同年、『最後の転落——ソ連崩壊のシナリオ』（新版の邦訳13年）で、弱冠25歳にして旧ソ連の崩壊を予言。その後の『第三惑星——家族構造とイデオロギー・システム』『世界の幼少期——家族構造と成長』（99年に2作は『世界の多様性——家族構造と近代性』（邦訳08年）として合本化）において、世界の各地域における「家族構造」と「社会の上部構造（政治・経済・文化）」の連関を鮮やかに示し、続く『新ヨーロッパ大全』（90年、邦訳92、93年）では、対象をヨーロッパに 限定して、さらに精緻な分析を展開、宗教改革以来500年の全く新たなヨーロッパ近現代史を描き出した。「9・11テロ」から1年後、対イラク戦争開始前の02年9月に出版された『帝国以後——アメリカ・システムの崩壊』（邦訳03年）ではアメリカの金融破綻を予言し、28カ国以上で翻訳され、世界的ベストセラーとなった。

その他の著書として、『移民の運命——同化か隔離か』（94年、邦訳99年）、『経済幻想』（98年、邦訳99年）、『文明の接近——「イスラームvs西洋」の虚構』（クルバージュとの共著、07年、邦訳08年）、『デモクラシー以後——協調的「保護主義」の提唱』（08年、邦訳09年）、『アラブ革命はなぜ起きたか——デモグラフィーとデモクラシー』（11年、邦訳11年）『不均衡という病——フランスの変容1980-2010』（ル・ブラーズとの共著、13年、邦訳14年）（邦訳はいずれも藤原書店刊）。

2011年、ライフワークともいうべき『家族システムの起源』が刊行されて反響を呼んだ（2016年春邦訳刊行予定）。

編訳者紹介

石崎晴己（いしざき・はるみ）
1940 年生まれ。青山学院大学名誉教授。1969 年早稲田大学大学院博士課程単位取得退学。専攻フランス文学・思想。
訳書に、ボスケッティ『知識人の覇権』（新評論、1987）、ブルデュー『構造と実践』（1991）『ホモ・アカデミクス』（共訳、1997）、トッド『新ヨーロッパ大全 I II』（II 共訳、1992-1993）『移民の運命』（共訳、1999）『帝国以後』（2003）『文明の接近』（2008）『デモクラシー以後』（2009）『アラブ革命はなぜ起きたか』（2011）『最後の転落』（2013）『不均衡という病』（2014）、レヴィ『サルトルの世紀』（監訳、2005）、コーエン=ソラル『サルトル伝（上・下）』（2015）、カレール=ダンコース『レーニンとは何だったか』（共訳、2006）他多数。
編著書に、『世界像革命』（以上すべて藤原書店、2001）他多数。

トッド　自身《じしん》を語《かた》る

2015年11月30日　初版第 1 刷発行©
2016年 2 月10日　初版第 2 刷発行

編訳者　石　崎　晴　己
発行者　藤　原　良　雄
発行所　株式会社　藤 原 書 店

〒 162-0041　東京都新宿区早稲田鶴巻町 523
電　話　03（5272）0301
FAX　03（5272）0450
振　替　00160 - 4 - 17013
info@fujiwara-shoten.co.jp

印刷・製本　中央精版印刷

落丁本・乱丁本はお取替えいたします
定価はカバーに表示してあります

Printed in Japan
ISBN978-4-86578-048-2

移民問題を読み解く鍵を提示

移民の運命

（同化か隔離か）

E・トッド

石崎晴己・東松秀雄訳

家族構造からみた人類学的分析で、国ごとに異なる移民政策、国民ごとに異なる移民に対する根深い感情の深層を抉る。フランスの普遍主義的平等主義とアングロサクソンやドイツの差異主義を比較、「開かれた同化主義」を提唱し「多文化主義」の陥穽を暴く。

Ａ５上製　六一六頁　五八〇〇円

（一九九九年一一月刊）

◇978-4-89434-154-8

LE DESTIN DES IMMIGRÉS　Emmanuel TODD

エマニュエル・トッド入門

世界像革命

（家族人類学の挑戦）

E・トッド

石崎晴己編

『新ヨーロッパ大全』のトッドが示す、「家族構造からみえる全く新しい世界のイメージ」。マルクス主義以降最も巨視的な「世界像革命」を成し遂げたトッドの魅力のエッセンスを集成し、最新論文も収録。［対談］速水融

Ａ５並製　二二四頁　二八〇〇円

（二〇〇一年九月刊）

◇978-4-89434-247-7

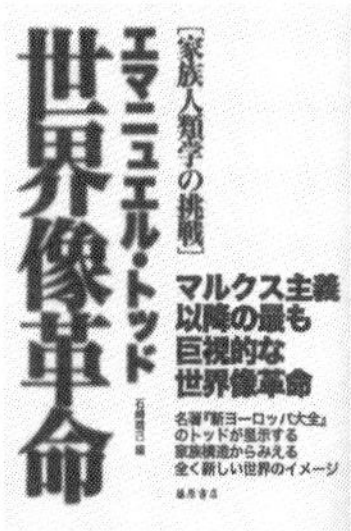

全世界の大ベストセラー

帝国以後

（アメリカ・システムの崩壊）

E・トッド

石崎晴己訳

アメリカがもはや「帝国」でないことを独自の手法で実証し、イラク攻撃後の世界秩序を展望する超話題作。世界がアメリカなしでやっていけるようになり、アメリカが世界なしではやっていけなくなった「今」を活写。

四六上製　三〇四頁　二五〇〇円

（二〇〇三年四月刊）

◇978-4-89434-332-0

APRÈS L'EMPIRE　Emmanuel TODD

「核武装」か？「米の保護領」か？

「帝国以後」と日本の選択

E・トッド

池澤夏樹／伊勢﨑賢治／榊原英資／佐伯啓思／西部邁／養老孟司　ほか

世界の守護者どころか破壊者となった米国からの自立を強く促す『帝国以後』。「反米」とは似て非なる、このアメリカ論を日本はいかに受け止めるか？　北朝鮮問題、核問題が騒がれる今日、これらの根源たる日本の対米従属の問題に真正面から向き合う！

四六上製　三四四頁　二八〇〇円

（二〇〇六年一二月刊）

◇978-4-89434-552-2

「文明の衝突は生じない。」

文明の接近
〈「イスラームvs西洋」の虚構〉

E・トッド、Y・クルバージュ
石崎晴己訳

「米国は世界を必要としているが、世界は米国を必要としていない」と喝破し、現在のイラク情勢を予見した世界的大ベストセラー『帝国以後』の続編。欧米のイスラーム脅威論の虚構を暴き、独自の人口学的手法により、イスラーム圏の現実と多様性に迫った画期的分析！

四六上製　三〇四頁　二八〇〇円
（二〇〇八年二月刊）
◇978-4-89434-610-9

LE RENDEZ-VOUS DES CIVILISATIONS
Emmanuel TODD, Youssef COURBAGE

トッドの主著、革命的著作！

世界の多様性
〈家族構造と近代性〉

E・トッド
荻野文隆訳

弱冠三二歳で世に問うた衝撃の書。コミュニズム、ナチズム、リベラリズム、イスラム原理主義……すべては家族構造から説明し得る。「家族構造」と「社会の上部構造（政治・経済・文化）」の連関を鮮やかに示し、全く新しい世界像と歴史観を提示！

A5上製　五六〇頁　四六〇〇円
（二〇〇八年九月刊）
◇978-4-89434-648-2

LA DIVERSITÉ DU MONDE
Emmanuel TODD

日本の将来への指針

デモクラシー以後
〈協調的「保護主義」の提唱〉

E・トッド
石崎晴己訳＝解説

トックヴィルが見誤った民主主義の動因は識字化にあったが、今日、高等教育の普及がむしろ階層化を生み、「自由貿易」という支配層のドグマが、各国内の格差と内需縮小をもたらしている。ケインズの名論文「国家的自給」（一九三三年）も収録！

四六上製　三七六頁　三二〇〇円
（二〇〇九年六月刊）
◇978-4-89434-688-8

APRÈS LA DÉMOCRATIE　Emmanuel TODD

自由貿易推進は、是か非か

自由貿易は、民主主義を滅ぼす

E・トッド
石崎晴己編

「自由貿易こそ経済危機の原因だと各国指導者は認めようとしない」「ドルは雲散霧消する」「中国が一党独裁のまま大国化すれば民主主義は不要になる」——米ソ二大国の崩壊と衰退を予言したトッドは、大国化する中国と世界経済危機の行方をどう見るか？

四六上製　三〇四頁　二八〇〇円
（二〇一〇年一二月刊）
◇978-4-89434-774-8

アラブ革命も予言していたトッド

アラブ革命はなぜ起きたか
（デモグラフィーとデモクラシー）

E・トッド
石崎晴己訳＝解説

米国衰退を予言したトッドは欧米の通念に抗し、識字率・出生率・内婚率などの人口動態から、アラブ革命の根底にあった近代化・民主化の動きを捉えていた。

［特別附録］家族型の分布図

四六上製　一九二頁　**二〇〇〇円**
（二〇一一年九月刊）◇978-4-89434-820-2

ALLAH N'Y EST POUR RIEN !　Emmanuel TODD

自由貿易はデフレを招く

自由貿易という幻想
（リストとケインズから「保護貿易」を再考する）

E・トッド

自由貿易による世界規模の需要縮小こそ、世界経済危機＝デフレ不況の真の原因だ。「自由貿易」と「保護貿易」についての誤った通念を改めることこそ、経済危機からの脱却の第一歩である。

F・リスト／D・トッド／J－L・グレオ／J・サピール／松川周二／中野剛志／西部邁／関曠野／太田昌国／関良基／山下惣一

四六上製　二七二頁　**二八〇〇円**
（二〇一一年一一月刊）◇978-4-89434-828-8

預言者トッドの出世作！

最後の転落
（ソ連崩壊のシナリオ）

E・トッド
石崎晴己監訳
石崎晴己・中野茂訳

一九七六年弱冠二五歳にしてソ連の崩壊を、乳児死亡率の異常な増加に着目し、歴史人口学の手法を駆使して預言した書。本書は、ソ連崩壊一年前に新しく序文を附し、刊行された新版の完訳である。〝なぜ、ソ連は崩壊したのか〟という分析シナリオが明確に示されている名著の日本語訳決定版！

四六上製　四九六頁　**三二〇〇円**
（二〇一三年一月刊）◇978-4-89434-894-3

LA CHUTE FINALE　Emmanuel TODD

グローバルに収斂するのではなく多様な分岐へ

不均衡という病
（フランスの変容1980-2010）

E・トッド
H・ル・ブラーズ
石崎晴己訳

アメリカの金融破綻を預言した名著『帝国以後』を著したトッドが、最新の技術で作成されたカラー地図による分析で、未来の世界のありようを予見する！　フランスで大ベストセラーの最新作。

カラー地図一二七点

四六上製　四四〇頁　**三六〇〇円**
（二〇一四年三月刊）◇978-4-89434-962-9

LE MYSTÈRE FRANÇAIS
Hervé LE BRAS et Emmanuel TODD